D1148917

Cardiff Libraries
www.cardiff.gov.uk/libraries

Llyfrgelloedd Caerdydd
www.caerdydd.gov.uk/llyfrgelloedd

GWAED GWIRION

EMYR JONES

Addasiad o *Hell on Earth*
gan F. Haydn Hornsey

ACC. No: 02979817

Gomer

Traddodwyd fersiwn cryno o'r rhagymadrodd gan
Gerwyn Wiliams ar ffurf Darlith Flynyddol
y Coleg Cymraeg Cenedlaethol ar 5 Awst 2014
yn Eisteddfod Genedlaethol Cymru Sir Gâr, Llanelli.

Coleg
Cymraeg
Cenedlaethol

Cyhoeddwyd gyntaf yn 1965 gan
Hugh Evans a'i Feibion Cyf., Gwasg Y Brython, Lerpwl

Cyhoeddwyd yn 2014 gan
Wasg Gomer, Llandysul, Ceredigion, SA44 4JL
www.gomer.co.uk

ISBN 978 1 84851 802 5
ISBN 978 1 84851 900 8 (ePUB)
ISBN 978 1 84851 901 5 (Kindle)

ⓗ y testun Cymraeg: Emyr Jones ©
ⓗ testun *Hell on Earth*: F. Haydn Hornsey ©

Cedwir pob hawl. Ni chaniateir atgynhyrchu unrhyw ran o'r cyhoeddiad
hwn, na'i gadw mewn cyfundrefn adferadwy, na'i drosglwyddo mewn
unrhyw ddull na thrwy unrhyw gyfrwng, electronig, electrostatig,
tâp magnetig, mecanyddol, ffotogopïo, recordio, nac fel arall, heb ganiatâd
ymlaen llaw gan y cyhoeddwyr.

Argraffwyd a rhwymwyd yng Nghymru gan
Wasg Gomer, Llandysul, Ceredigion.

Rhagymadrodd

Ymholiad e-bost gan Huw Chiswell o gwmni cynhyrchu Ffranc oedd man cychwyn fy ailymweliad â *Gwaed Gwirion* gan Emyr Jones. Roedd Huw'n awyddus i gydweithio ar raglen deledu am y llyfr – llyfr a oedd wedi gwneud argraff ar y ddau ohonom – i'w ddarlledu yn 2014 fel rhan o arlwy S4C i arwyddo canmlwyddiant y Rhyfel Byd Cyntaf.[1] Ym Mehefin 2013 yr oedd hynny ac yn ystod y chwe mis dilynol byddai'r daith honno'n mynd â mi'n gorfforol o Fangor i'r Waun-fawr, Llanberis ac Aberystwyth yn ogystal â Llundain, Dover, Calais, Ieper, Armentières, Le Havre a Portsmouth, a hefyd yn rhithiol i'r Almaen ac Awstralia. Ond profiad cymysg yw ailymweld bob tro: yn un peth mae'n brawf ar ddibynadwyedd y cof a does dim sicrwydd mai'r un fydd yr argraff â phan ymwelodd dyn â'r un fan flynyddoedd ynghynt. O'r herwydd mi *fu* ailymweld â *Gwaed Gwirion* yn brofiad newydd, ond am resymau annisgwyl ac anarferol. Yn sgil hynny nid yr un mo *Gwaed Gwirion* erbyn hyn â'r llyfr a ddarllenais ddeng mlynedd ar hugain yn ôl. Trodd y rhaglen ddathlu a ragwelwyd yn wreiddiol hefyd yn fwy o raglen dditectif a hel achau. Bron hanner canrif ar ôl ei gyhoeddi gyntaf, testun gwahanol yw llyfr Emyr Jones bellach, ond testun a chanddo dynfa gref ac apêl bendant o hyd.

★　　★　　★

Rywdro rhwng 1984 a 1987 y deuthum ar draws *Gwaed Gwirion* gyntaf a hynny pan oeddwn i'n fyfyriwr yn Aberystwyth yn ymchwilio ar gyfer fy noethuriaeth i lenyddiaeth Gymraeg ynghylch y Rhyfel Byd Cyntaf. Chwilfrydedd a barodd imi fynd i'r afael â'r maes penodol hwnnw yn y lle cyntaf, awydd i brofi a oedd fy nghanfyddiad fod yr ymateb llenyddol i'r rhyfel – er gwaetha'r rhan a chwaraeodd Cymru ynddo ac er mor gryf oedd delfryd arwrol ein traddodiad barddol cynnar – yn gymharol brin. Buan y gwrthbrofwyd fy rhagdybiaeth gychwynnol: doedd ond rhaid i ddyn edrych yng ngholofnau barddol papurau newydd y cyfnod i weld bod toreth o ymatebion ar gael i'r rhyfel. Ond mater arall oedd *ansawdd* llawer o'r ymateb hwnnw. Oedd, roedd llenorion o bwys fel Saunders Lewis, Kate Roberts, Gwenallt, T. Gwynn Jones a T. H. Parry-Williams dan ystyriaeth, ond gan fy mod i'n benderfynol o gael darlun mor gynhwysol a chynhwysfawr â phosib o'r ymateb llenyddol i'r rhyfel, fe'm cefais fy hun droeon yng nghwrs yr ymchwil yn gorfod esgusodi ac ymddiheuro dros ymdrechion llawer o brydyddion, dramodwyr ac awduron rhyddiaith llai nodedig i fynd i'r afael â'r pwnc. Fodd bynnag, gan fod yr astudiaeth yn cynnwys gweithiau a luniwyd nid yn unig yn ystod y rhyfel ond hefyd yn ddiweddarach, roedd *Gwaed Gwirion* yn un o'r testunau y gallwn ymlacio yn ei ŵydd a chael pleser llenyddol diamod ohono. Roedd Emyr Jones yn awdur a ysgrifennai'n llawn hyder a chyda sicrwydd ynghylch ei nod. Nid yn unig roedd ganddo ddeunydd crai cyfoethog yn ei feddiant ond roedd yn meddu hefyd ar ddawn llenor i'w dreulio. At hynny, gallai elwa ar dros hanner canrif o ymdrechion, mewn sawl iaith, i ymateb i sialens greadigol un o drobwyntiau rhyngwladol mwyaf y cyfnod modern ac un a adawodd ei nod yn annileadwy ar Gymru.

*   *   *

Doedd fy ymateb clodforus i *Gwaed Gwirion* ganol y 1980au yn ddim gwahanol i'r croeso digymysg a roddwyd iddi ar ei hymddangosiad cyntaf, ugain mlynedd ynghynt, yn Rhagfyr 1965. Ffrwyth cystadleuaeth dan nawdd y Cyngor Llyfrau Cymraeg oedd y gyfrol a chyfeiriodd y beirniad, Glyn Ashton, yn ei feirniadaeth at 'y rhyferthwy hwn o lyfr . . . [a oedd yn] rhagori'n hawdd ar y glewion eraill yn y gystadleuaeth'.[2] Cadarnhaodd ei farn amdani mewn arolwg o'r nofel Gymraeg yn ystod yr ugeinfed ganrif a gyhoeddwyd ddeng mlynedd yn ddiweddarach lle'i disgrifiodd fel 'un o nofelau mwyaf nodedig y ganrif . . . Ceir llawer i nofel lle y digwydd darnau gwych a threiddgar, ond nid oes ond ychydig iawn wedi cynnal y fath safon syfrdanol â hon yn ddi-gwymp.'[3] Gyda'i awdurdod nodweddiadol, dyfarnodd Saunders Lewis *Gwaed Gwirion* yn glasur gydag iddi weld golau dydd wrth iddo'i hadolygu yn y *Western Mail*: 'O'r diwedd, o hir ddiwedd, dyma ryfel 1914–18 wedi cael ei epig yn Gymraeg.'[4] Ac mae'n werth cofio bod Saunders Lewis yn llefaru hefyd fel un a wasanaethodd fel lifftenant yn ystod y Rhyfel Mawr a bod y gyfrol wedi ei ddarbwyllo fel darlun cywir o brofiadau milwrol yn ystod y rhyfel hwnnw. Fwy na hynny: roedd yn fodlon

Emyr Jones yn derbyn Gwobr G. J. Williams am ei gyfrol fuddugol *Gwaed Gwirion* gan yr Academi Gymreig yn 1966. O'r chwith: Euros Bowen, Gwilym R. Jones, D. Tecwyn Lloyd, D. J. Williams, Bedwyr Lewis Jones, Emyr Jones a Kate Roberts.

Llun o gasgliad Geoff Charles drwy ganiatâd Llyfrgell Genedlaethol Cymru.

mentro bod *Gwaed Gwirion* yn 'nofel fawr ac yn nofel bwysig'.[5]

Ac yntau wedi ei garcharu fel gwrthwynebydd cydwybodol yn ystod y rhyfel ac wedi defnyddio ei brofiadau'n sail i'w nofel *Plasau'r Brenin* yn 1934, doedd dim dwywaith ym meddwl Gwenallt yntau ynghylch rhagoriaethau *Gwaed Gwirion*. Ef ac Islwyn Ffowc Elis, prif nofelydd Cymraeg ei ddydd, a ddyfarnodd Wobr Griffith John Williams yr Academi Gymreig i *Gwaed Gwirion* 'am y gyfrol lenyddol Gymraeg deilyngaf a gyhoeddwyd ym 1965'.[6] Atgoffwyd Gwenallt wrth ei ddarllen am hunangofiant y Cymro Frank Richards, *Old Soldiers Never Die* (1933), preifat gyda'r Ffiwsilwyr Brenhinol Cymreig yn ystod y Rhyfel Byd Cyntaf: 'adrodd yr un profiadau a digwyddiadau' a wnâi'r ddau awdur, a'r un oedd y 'disgrifio cignoeth a'r arddull ddiaddurn' yn y ddwy gyfrol.[7] Yn nhyb Islwyn Ffowc Elis, roedd Emyr Jones wedi elwa ar ei brofiad o'r Ail Ryfel Byd:

> . . . fe ddefnyddiodd ei brofiad ei hun o greulonedd ac aflendid brwydro a chymrodoriaeth arw'r fyddin i roi bywyd mewn darlun o ryfel arall yr oedd ef ei hun yn rhy ifanc i'w gofio. Dyna'r union beth a wnaeth Tolstoi: tynnu ar ei brofiadau milwrol ei hunan i ddarlunio rhyfel a ymladdwyd cyn ei eni, sef Rhyfel Napoleon.[8]

A daw'r gymhariaeth aruchel â Tolstoi ar ôl cymhariaeth Saunders Lewis â Balzac[9] ac un Harri Gwynn ag *All Quiet on the Western Front* a *Goodbye to All That*.[10] Enwebwyd y llyfr hwn am yr un wobr gan dri aelod arall o'r Academi Gymreig, tri beirniad proffesiynol at hynny sef Bobi Jones, Bedwyr Lewis Jones a Gwyn Thomas.[11] Dyma lyfr y flwyddyn, felly, ac mae ffotograffau Geoff Charles yn cofnodi achlysur pan ddathlwyd camp Emyr Jones, seren newydd ffuglen Gymraeg, gan hoelion wyth y sefydliad llenyddol sef Kate Roberts, D. J. Williams, Euros Bowen, Gwilym R. Jones a Bedwyr Lewis Jones.[12]

★   ★   ★

Gŵr arall y tynnwyd ei lun gyda'r cwmni llenyddol yn Awst 1966 oedd D. Tecwyn Lloyd, y beirniad llenyddol y bu darllen ei ysgrif arloesol 'Llenyddiaeth Cyni a Rhyfel, 1914–1939' yn *Ysgrifau Beirniadol IV* (1969) yn un o'r ffactorau a enynnodd fy niddordeb yn yr ymateb llenyddol i'r Rhyfel Byd Cyntaf yn y lle cyntaf.[13] Roedd ganddo yntau feddwl mawr o *Gwaed Gwirion*: fe'i canmolodd yn 1966 mewn ysgrif yn *Taliesin*, cylchgrawn yr Academi Gymreig a olygid ganddo, ac yna yn 1969, a'r gyfrol erbyn hynny wedi ei sefydlu'n llyfr gosod parchus i ddisgyblion, neilltuodd ddwy erthygl yn adran ysgolion *Barn* i'w thrin a'i thrafod: 'Dyma'r unig wir nofel . . . am ryfel yn Gymraeg a gallwn ymffrostio fod gennym bellach stori Gymraeg a geidw ei lle wrth ochr nofelau Neumann a Remarque, Graves a Tomlinson.'[14] Fel y gwelir yn gliriach yn y man, ychwanegiad perthnasol at y drafodaeth ar *Gwaed Gwirion* yw'r modd y camddisgrifir hunangofiant fel *Goodbye to All That* Robert Graves fel nofel; erbyn gweld, nid yw hyn yn anarferol yng nghyswllt rhyddiaith y rhyfel fel y tystir gan gyfeiriad Gwenallt yntau at y 'nofel' yn hytrach na'r hunangofiant *Old Soldiers Never Die*. Sylw diddorol arall, eto yn sgil fy ailymweliad â *Gwaed Gwirion*, oedd hwn gan Tecwyn Lloyd:

> Yn ystod y gaeaf diwethaf, clywais lawer o drafod y llyfr gan hwn a'r llall, a daliai un neu ddau mai dychymyg hefyd yw'r 'Hen Sarjant' ac mai gwaith digymorth yr awdur ei hun yw'r cyfan – y rhagair a'r nofel. Gallai hyn fod yn wir, ond os yw, yna mae gennym awdur o allu creadigol a dychymyg cwbl arbennig. Clywais un hen filwr a fu'n trin y drylliau Vickers yn haeru ei fod ef yn gwybod am yr union fannau a grybwyllir yn y stori a'i fod yn adnabod yr union gatrodau a chyrchoedd y sonnir amdanynt.[15]

Dyma fater y daeth Tecwyn Lloyd yn ôl ato yn *Barn* yn 1969 wrth drafod 'Rhen Sarjant: 'Dywedodd Mr Jones ei hun wrthyf un tro nad cymeriad dychmygol oedd hwn. Bu fyw tan yn weddol ddiweddar ac yr oedd wedi bod drwy'r cwbl y mae'r llyfr yn sôn amdano.'[16]

Cynhwyswyd fy ymateb i *Gwaed Gwirion* mewn trafodaeth lawn yn *Tir Neb* yn 1996, cyfrol yn trafod y berthynas rhwng rhyddiaith Gymraeg a'r Rhyfel Byd Cyntaf.[17] Ac yn y drafodaeth honno cyflwynais innau achos cryf o blaid cyfrif *Gwaed Gwirion* fel y nofel Gymraeg orau i drafod y rhyfel. Y nofel bwysicaf am y rhyfel cyn hynny oedd *Amser i Ryfel* gan T. Hughes Jones, ac euthum ati i gyferbynnu'r ddwy gyfrol. Hanai Tom Hughes Jones o gefn gwlad Ceredigion a thynnodd ar ei brofiad ef ei hun fel milwr ar gyfer y nofel, nofel na chyhoeddwyd mohoni tan 1944 ac na fyddai efallai wedi ei hysgrifennu erioed oni bai am fargen a drawyd gyda Gwenallt: a'r ddau ohonyn nhw'n gydfyfyrwyr yn y brifysgol yn Aberystwyth ddechrau'r 1920au, cytunodd y naill y byddai'n ysgrifennu cyfrol ar sail ei brofiad fel gwrthwynebydd cydwybodol a'r llall am ei brofiad fel milwr.[18] Fel cynulleidfa wreiddiol y 1940au, cymysg oedd fy ymateb innau i *Amser i Ryfel*: bron na theimlwn fod ei hawdur yn cael ei wasgu'n ormodol gan amgylchiadau hanesyddol, awydd i gyd-destunoli'r rhyfel a gwreiddio'r gyfrol, ac y buasai'n rheitiach iddo fanteisio lawer mwy ar ryddid y nofel. Dyma rywbeth y credwn fod Emyr Jones wedi llwyddo i'w wneud yn llawer gwell, a dadleuwn ei fod wedi gallu defnyddio'r ffaith nad oedd wedi profi rhyfel 1914–18 er ei fantais yn yr ystyr ei fod wedi ei ryddhau yn greadigol. Wedi'r cyfan, a'r gyfrol wedi ei hysgrifennu yn ystod y 1960au, nid cywirdeb dogfennol oedd blaenoriaeth gyntaf Emyr Jones: fel nofel yr ysgrifennwyd hon yn gyntaf oll, ymresymais yn ffyddiog, nid hunangofiant.

⋆   ⋆   ⋆

Un o'r pethau cyntaf imi eu gwneud pan ofynnwyd imi ailgloriannu *Gwaed Gwirion* ar gyfer rhaglen deledu oedd ymgyfarwyddo o'r newydd â hanes Emyr Jones ei hun. Ar 4 Rhagfyr 1914 y cafodd ei eni, ym mhumed mis y Rhyfel Byd Cyntaf, a hynny ym mhentref Betws Garmon yn Nyffryn Nantlle. Ef oedd y bachgen hynaf o blith naw o blant, a symudodd y teulu i fyw ar fferm fynydd fach o'r enw Tynyceunant ar gyrion y Waun-fawr tua 1933.[19] Erbyn hynny roedd Emyr Jones wedi dilyn yr un llwybr â llawer o'i gyfoedion o'r un cefndir dosbarth gweithiol: gadawodd yr ysgol yn bedair ar ddeg a mynd i weithio i Chwarel Dinorwig yn Llanberis.

Enghraifft oedd Emyr Jones o ffenomen y chwarelwr hunanaddysgedig a diwylliedig a gododd yn y byd drwy'i ymdrechion a'i lafur ei hun. Digwyddiad arwyddocaol yn ei hanes oedd hwnnw yn 1938 pan gynhaliwyd Eisteddfod Caban Mills yn y chwarel: cafodd gyfle i amlygu ei ddoniau llenyddol drwy ennill cadair, mewn cystadleuaeth yn erbyn amryw chwarelwyr eraill, dan feirniadaeth R. Bryn Williams.[20] Dichon fod hyn wedi deffro uchelgais ynddo a sylweddoliad y gallai ei yrfa ymestyn ymhellach na wyneb y graig. Dyfodiad yr Ail Ryfel Byd a agorodd ddrws cyfle iddo ac a olygodd na fyddai'n rhaid iddo ddychwelyd i'r chwarel: ymunodd â'r fyddin yn 1939 a mynd i hyfforddi'n filwr yn Sussex. Ac yntau wedi ei drwytho yn niwylliant bandiau pres bro'r chwareli, ef fyddai'n deffro'r gwersyll hyfforddi'n blygeiniol drwy ganu'r *reveille* ar ei utgorn. Er mor brin yw'r manylion, mae'n cyfeirio ato'i hun yn treulio cyfnod yn Norwy, gwlad a oedd wedi ei meddiannu ar y pryd gan luoedd yr Almaen.[21]

Drannoeth y rhyfel, drwy gynllun y llywodraeth ar gyfer cyn-aelodau'r lluoedd arfog, cafodd Emyr Jones fynd i goleg hyfforddi Cartrefle yn Wrecsam a thrwy hynny, yn ôl ei deulu, i wireddu breuddwyd oes a chael mynd yn athro. Ac yn ddiddorol iawn, dyma pryd y croesodd ei lwybrau a rhai Tom Hughes Jones: un o'i ddarlithwyr Cymraeg oedd awdur *Amser i Ryfel*, a chofiai Emyr Jones amdano fel cymeriad o natur filitaraidd a arweiniai'r milwyr mewn gorymdaith filwrol ar Ddygwyl Dewi. Datgelodd Emyr Jones hefyd nad oedd ganddo fawr o olwg ar nofel ei athro coleg: amheuai petai ef ei hun wedi rhoi ambell ddarn o ysgrifennu o'i hansawdd hi iddo y byddai wedi ei ddychwelyd iddo dan gwyno nad oedd yn ddigon da.[22]

Bu 1948 yn flwyddyn brysur i Emyr Jones: enillodd y gadair yn Eisteddfod y Myfyrwyr, priododd gyda Gwyneth Williams o Rosgadfan, a phenodwyd ef yn athro yn Ysgol Tywyn ger Abergele. Dros y blynyddoedd ganwyd pump o blant i'r aelwyd, ac yn 1965 apwyntiwyd ef yn brifathro yn Ysgol Gynradd Betws-yn-Rhos lle y treuliodd weddill ei yrfa hyd nes iddo ymddeol at ddiwedd y 1970au. Yn ystod hanner cyntaf y 1960au y daeth ei ddoniau fel awdur i sylw cenedlaethol: cyhoeddodd *Canrif y Chwarelwr* yn 1963, disgrifiad, neu efallai'n nes ati, dathliad o waith, cymdeithas a diwylliant chwarelwyr Dinorwig, a llyfr defnyddiol o hyd i staff Amgueddfa Lechi Cymru a saif ar hen safle Chwarel Dinorwig. Chwaer gyfrol i hon yw *Bargen Dinorwig*, ac erbyn ei chyhoeddi yn 1980 byddai Emyr Jones yn byw yn hen gartref ei wraig yng Nghaernarfon. Dair blynedd yn ddiweddarach cyflwynwyd addasiad Emyr Jones o'r gyfrol honno ar ffurf pasiant gan gwmni'r Gronyn Gwenith yn Seilo, capel ei weinidog, ei gyfaill a'i gymydog Harri Parri. Soniodd yntau am Emyr Jones yn llawn edmygedd a'i ddisgrifio fel gŵr amryddawn a chanddo 'ddwy law dde': yn ogystal â'i dalentau fel awdur roedd yn gerddor, yn arddiwr, yn actor a byddai hyd yn oed yn helpu i adeiladu setiau ar gyfer cynyrchiadau'r cwmni drama.

Anrhydeddwyd Emyr Jones gan yr Eisteddfod Genedlaethol yn 1969 pan enillodd y Fedal Ryddiaith am ei nofel fer *Grym y Lli*, dyddiadur a seiliwyd ar hanes John Evans o'r Waun-fawr a hwyliodd i America yn y 1790au ar drywydd llwyth o Indiaid brodorol y credid eu bod yn ddisgynyddion i Madog ab Owain Gwynedd. Llwyddodd i blesio panel o feirniaid uchel eu bri sef Kate Roberts, John Gwilym Jones ac Emyr Humphreys, er ei bod hi'n ddiddorol sylwi heddiw ar yr hyn sydd gan yr olaf o'r tri i'w ddweud amdano: 'Dichon i'r awdur bwyso'n drwm ar waith ymchwil yr Athro David Williams', ond canmolir y gallu i 'ysgrifennu mewn Cymraeg tafodieithol yn llawn o idiomau ei ardal enedigol'.[23] Hynny yw, nid yng ngwreiddiodeb ei chynnwys yr oedd cryfder y nofel ond yn y ddawn dweud a amlygid ynddi. O gymharu mae *Gwaed Gwirion* yn cynrychioli amgenach cyflawniad creadigol o'r hanner, ac er mwyn trafod y gyfrol honno y gwahoddais innau Emyr Jones i Fangor at ddosbarth o fyfyrwyr a oedd wrthi'n ei hastudio yn Chwefror 1992, saith mlynedd cyn ei farwolaeth ar 12 Awst 1999.

★   ★   ★

Caniataodd Emyr Jones imi recordio'r sesiwn honno, sgwrs gartrefol braf ac yntau'n trafod sut yr aeth ati i ysgrifennu *Gwaed Gwirion*, yn dyfynnu ac yn darllen rhannau ohoni, ac yna'n ateb cwestiynau wrth ei bwysau ar y diwedd. Roedd hi'n amlwg ei fod wedi rhoi sawl cyflwyniad o'r fath i gylchoedd llenyddol ers cyhoeddi ei gyfrol gyntaf yn 1965. O ran y ffordd yr aeth ati i ysgrifennu *Gwaed Gwirion*, mae'r hyn a ddywedodd yn 1992 yn cyd-fynd yn agos â chynnwys ysgrif fer a gyhoeddwyd ganddo yn *Llais Llyfrau* yn 1966. Fel un yn astudio'n academaidd yr ymateb llenyddol i'r Rhyfel Byd Cyntaf, cyfrifwn yr ysgrif honno'n ddogfen werthfawr a phwysig: dyma enghraifft brin o awdur Cymraeg yn dadlennu'r broses greadigol a brofodd wrth fynd ati i ysgrifennu. Trafoda'r 'problemau' a wynebodd wrth geisio 'ail-greu o brofiadau rhywun arall' sef 'Rhen Sarjant.[24] Cyfeiria at ddau gynnig aflwyddiannus ar ysgrifennu: aeth yr ymgais ar ysgrifennu yn y trydydd person 'i'r fasged' a 'fflop arall' oedd yr ymdrech i gyflwyno 'Rhen Sarjant yn adrodd ei hanes wrth gwmni o chwarelwyr yn y caban.[25] Dyma fel y gwelai bethau:

> Sylweddolais fod yn rhaid anghofio popeth am sgrifennu 'llenyddol' ac 'awdurol' wrth gyflwyno'r math yma o stori. Gwelais nad oedd obaith, i mi beth bynnag, i roi'r stori ar bapur mewn iaith lenyddol, or-gywir. 'Roedd y 'llais bach tu mewn' yn dal i ddweud wrhyf, "'Fasa 'Rhen Sarjant byth yn siarad fel yna."[26]

Gyda golwg ar gymeriadu, daliai hefyd 'fod yn rhaid i'r ysgrifennwr ei anghofio'i hun yn llwyr a'i roi ei hun yn sgidiau'r llefarwr . . . Rhaid iddo *adnabod* ei gymeriadau'n drwyadl. Yn wir rhaid iddo fyw gyda hwy am gyfnod hir cyn y llwydda i'w portreadu'n bersonau byw ar bapur.'[27]

'Gadawn iddo ef ei hun adrodd ei stori' yw'r geiriau clo i ragair *Gwaed Gwirion*,[28] a phwysleisiodd Emyr Jones ei ddibyniaeth drachefn ar 'Rhen Sarjant yn y sgwrs a roddodd i'r criw myfyrwyr yn 1992:

Feiddiwn i ddim tynnu llygad oddi arno fo. Slipio ambell dro – be ddoth ar fy mhen i i sgwennu hwn? Fasa 'Rhen Sarjant byth yn deud hynna! Roeddwn i eisiau disgrifio rhywbeth – sut basa 'Rhen Sarjant yn ei ddisgrifio fo? Roeddwn i ar dir diogel yn syth wedyn. Roedd 'Rhen Sarjant fel arweinydd i mi ar hyd y ffordd. Dim ond imi glustfeinio a'i lais o oeddwn i'n ei glywed bob amser.[29]

Ystyriaeth arall y cyfeiriodd Emyr Jones ati yn yr un sgwrs oedd yr angen i amrywio'r awyrgylch yn *Gwaed Gwirion* a sicrhau cyferbyniad rhwng digrifwch a difrifwch, a hynny rhag i'r gyfrol droi'n rhy lethol a digalon. Nododd hefyd ei edmygedd o gerddi rhyfel Cynan, a chyfeirio'n benodol at 'Mab y Bwthyn', fel petai hynny wedi bod yn ddylanwad ar ei ysgrifennu yntau.

Wrth ailddarllen ysgrif *Llais Llyfrau*, mae'r paragraff olaf yn dechrau magu ystyr newydd: 'Wedi holl wewyr yr esgor daw'r llawenydd, a'r ymdeimlad o ollyngdod. Eithr i mi, beth bynnag, ni ddaeth llwyr foddhad. Ond mi wyddwn hynny o'r dechrau.'[30] Geiriau diniwed ar yr olwg gyntaf heb unrhyw isdestun ar eu cyfyl, mynegiant didwyll o ddiymhongarwch ynghylch ei gyflawniad fel awdur. Ond wedi ailfeddwl, tybed nad oes yma gliw, awgrym fod modd priodoli ei ddiffyg 'llwyr foddhad' i resymau cuddiedig yn ymwneud â gwneuthuriad y llyfr? Wrth ailwrando gyda synnwyr trannoeth ar y recordiad o sgwrs 1992, mae ambell beth yn honno hefyd yn codi amheuaeth. Prin godi at yr abwyd a wnaeth yr awdur pan awgrymodd un o'r myfyrwyr y byddai'r Ail Ryfel Byd, y cafodd brofiad ohono fel milwr, wedi bod yn destun mwy amlwg iddo ysgrifennu amdano. Mewn sgwrs rai misoedd cyn ei farwolaeth ddiwedd Mai 2014, cyfeiriodd gweddw Emyr Jones at lyfr a ysgrifennodd ei ddiweddar ŵr am ei brofiadau yn ystod rhyfel 1939–45 a'i anfon, yn aflwyddiannus, i gystadleuaeth eisteddfodol; y tebygolrwydd yw fod y gwaith hwnnw wedi ei ddinistrio pan werthwyd y cartref teuluol ddegawd ar ôl marwolaeth Emyr Jones. Pan awgrymodd Emyr Jones yn ei sgwrs y byddai'n newid rhai pethau yn *Gwaed Gwirion* pe câi gyfle, holodd y diweddar Bedwyr Lewis Jones ef yn fanylach am hynny; fel y mae'n digwydd, Bedwyr oedd trysorydd yr Academi Gymreig pan gyflwynwyd Gwobr G. J. Williams i Emyr Jones yn 1966, bu ganddo feddwl mawr o'r gyfrol fyth wedyn, ac ef a gywirodd deipysgrif *Bargen Dinorwig* yn ogystal â llunio rhagair iddi. Y cyfan y cyfeiriodd Emyr Jones ato wrth ateb y cwestiwn hwnnw oedd dau nam teipio a chysodi, rhai y daliwyd ar eu cyfle i'w cywiro ar gyfer yr argraffiad newydd hwn.[31] Ond y cyfeiriad mwyaf arwyddocaol yn ystod y sgwrs honno oedd hwnnw at gymeriad 'Rhen Sarjant: 'Ei enw priodol oedd Daniel Roberts' meddai yn ei ragair i *Gwaed Gwirion*, ond at ŵr gwahanol, o'r enw Thomas Toleman, y cyfeiriodd y tro hwn.[32]

Cynhwyswyd adroddiad llawn am gyfarfod gwobrwyo Gwobr Griffith John Williams a beirniadaeth y ddau feirniad yn rhifyn 4 Awst 1966 o'r *Faner*; dim ond yn ddiweddar y deuthum ar draws adroddiad pellach annisgwyl, yn cynnwys llun o'r achlysur, yn rhifyn dilynol y papur. Ond mae ei gynnwys yn cadarnhau amheuaeth dyn fod Emyr Jones, o'r cychwyn cyntaf, wedi mynd ati i daflu llwch i lygaid ynghylch *Gwaed Gwirion*:

> Adroddodd Mr Jones hanes 'yr hen Serjant' a adroddai straeon am y rhyfel byd cyntaf wrtho. Roedd hanner y straeon, gan y cyn-filwr hwn o Lanberis yn wir a'r hanner arall yn gelwydd. Twm Toleman oedd ei enw, Cymro Cymraeg a chwarelwr. Gadawodd ei straeon argraff fawr arno ef (Emyr Jones). Roedd profiadau'r Hen Serjant yn dod yn ol i Mr Jones yn ystod yr ail ryfel byd.[33]

Dan Roberts oedd enw'r cymeriad hanesyddol yn rhagair Rhagfyr 1965 o'r gyfrol, ond Twm Toleman erbyn Awst 1966; roedd hanner ei straeon yn wir yn Awst 1966, ond yr oedd 'wedi bod drwy'r cwbl y mae'r llyfr yn sôn amdano' erbyn Mehefin 1969.[34] Hynny yw, dydi'r hyn a ddywed Emyr Jones wrth drafod ei lyfr ddim yn gyson. 'Twyllo y mae Mr Emyr Jones,' meddai Saunders Lewis yn ei adolygiad yn Ionawr 1966, 'twyllo'n llwyddiannus fel pob artist.'[35] Yr hyn a olygai oedd fod yr awdur yn 'cogio mai llyfr o atgofion y Sarjant Daniel Roberts am y rhyfel byd cyntaf yw ei lyfr. Nofel yw ei lyfr', ond efallai fod y cyfeiriad cychwynnol at dwyll yn nes ati nag a feddyliodd darllenwyr ar y pryd a bod y chwilfrydedd ynghylch gwirionedd hanesyddol cymeriad 'Rhen Sarjant wedi dargyfeirio sylw oddi wrth ddyled greadigol fwy arwyddocaol o'r hanner.[36]

★　　★　　★

Roedd ailddarllen *Gwaed Gwirion* fel adnewyddu hen gyfeillgarwch: yr un oedd yr argraff o gyffro a brys ag a gofiwn o'm darlleniad cyntaf, yr un oedd yr antur a'r adrenalin a yrrai'r cymeriadau, yr un oedd gafael yr awdur ar iaith gyhyrog ac idiomatig, yr un oedd y darlun o anhrefn ac afreswm rhyfel, a'r un oedd yr argraff o gyntefigrwydd ac anifeileiddiwch y gyflafan. Fe'm hatgoffwyd ychydig am *Saving Private Ryan* (1998), ffilm fawr Steven Spielberg am yr Ail Ryfel Byd, gan y penodau agoriadol llawn brys a'r modd y rhoddir ffocws i'r darlun o ryfel drwy ganolbwyntio ar ddau, ac yna, dri chymeriad a ddatgysylltir oddi wrth weddill eu bataliwn.

Y tro hwn roedd dwy ran o dair cyntaf y gyfrol yn fy nharo'n rymusach na'r traean olaf a bron na theimlwn y byddai'n well petai'r awdur wedi torri pethau yn eu blas ar ôl i Dan a Meic a Chopper ailgysylltu o'r diwedd â'u bataliwn. Fel y mae'r traethydd ei hun yn ei nodi, mae iselder ysbryd yn ei lethu yn ystod pennod glo y gyfrol, ac mae'r tirlun o fwd a nwy a weiren bigog a nodweddai faes y gad a ddisgrifir yn yr adrannau olaf yn adleisio'r hyn a hen sefydlwyd gan fardd fel Wilfred Owen, hunangofiannydd fel Robert Graves, neu arlunydd fel Paul Nash. Ailgyflwyno ystrydeb gyfarwydd a wnâi'r darnau hyn ac nid dyma adran fwyaf gwreiddiol y gyfrol. Rhywbeth arall a'm trawodd fel llithriad − ac roedd hyn yn rhywbeth y cyfeiriodd Emyr Jones ei hun ato dan chwerthin yn ei sgwrs yn 1992 − oedd tafodiaith Gwynedd Meic o Aberdâr. A'r trydydd peth a'm trawodd oedd y ffrâm hanesyddol.

Fel beirniad llenyddol yr euthum ati i ymchwilio i'r maes yn wreiddiol ac un o'r prif bethau a'm gyrrodd oedd awydd i fesur gallu'r awduron dan sylw i fynegi'n llwyddiannus newyddfyd y rhyfel a'r modd yr ymdopwyd â'r sialens i ffurfiau ac adnoddau'r Gymraeg. Wrth edrych o'r newydd ar *Gwaed Gwirion* a hynny'n annibynnol ar y myrdd testunau eraill a fu dan ystyriaeth fel rhan o'r project cychwynnol, cefais gyfle i graffu ar agwedd o'r gyfrol nad oeddwn wedi rhoi cymaint o sylw iddi o'r blaen a sylweddoli mor gywir hefyd oedd ei chyd-destun hanesyddol. Er nad yw Emyr Jones yn nodi unrhyw ddyddiadau penodol, mae'n bur amlwg o'r hyn a ddywedir ein bod ni yn 1918 a misoedd olaf y Rhyfel Byd Cyntaf. Cyfeirir yn y rhagair at gyfres ddogfen epig y BBC, *The Great War*, a ddarlledwyd mewn 26 rhan yn 1964 i arwyddo hannercanmlwyddiant y rhyfel.[37] Os edrychir ar bennod 21 y gyfres honno sef 'It was like the end of the world' gan yr hanesydd Correlli Barnett – ac mae'r cyfan ar gael i'w gweld yn rhad ac am ddim ar *YouTube*, sy'n un arwydd o'r modd y mae dulliau ymchwil wedi newid mewn cyfnod o chwarter canrif – disgrifir Ymosodiad y Gwanwyn neu *Spring Offensive* 1918.[38] Cynhwysa'r cyfnod hwn Frwydr Afon Lys yn Ebrill 1918 pan oedd lluoedd y Cynghreiriaid ar ffo, yr Almaenwyr gyda'r llaw uchaf yn filwrol, a pheryg gwirioneddol y gallent ymestyn eu grym hyd at y sianel.

Mae hyn yn cyfateb yn union i'r enciliaid a ddisgrifir ar ddechrau *Gwaed Gwirion* ac felly hefyd y mannau daearyddol a enwir sydd o fewn cyrraedd i'w gilydd sef Armentières, Erquinghem a Bailleul, trefi am y ffin â Fflandrys yn ardal Nord-Pas de Calais yng ngogledd-ddwyrain Ffrainc. Mae'r hyn a ddarlunnir yn nhraean olaf *Gwaed Gwirion* hefyd yn cyfateb i gyrch terfynol a thyngedfennol y Cynghreiriaid ar Linell Hindenburg yr Almaenwyr sef yr Ymosodiad Can Niwrnod rhwng 8 Awst ac 11 Tachwedd 1918. O sylweddoli hyn, fy ymateb cyntaf oedd cadarnhau a chynyddu fy edmygedd gwreiddiol o *Gwaed Gwirion*: nid yn unig yr oedd y gyfrol yn cynrychioli camp fynegiannol ond roedd hi hefyd wedi ei hangori mewn tystiolaeth hanesyddol gywir.

Ac yna, ar ôl y cyfeiriad at y gyfres deledu a ddygodd straeon 'Rhen Sarjant i gof Emyr Jones, yn ôl yr hyn a ddywed, sylwais ar yr ail destun a enwir ganddo yn y rhagair:

> Bu ei brofiadau ef ['Rhen Sarjant] wrth gwrs yn brofiad i filoedd eraill a fu drwy uffern y ffosydd yn y gyflafan honno. Ceisiais osod ei straeon ar batrwm cyfrol gyffelyb a ddarllenais rywdro, flynyddoedd yn ôl, o dan y teitl "Hell on Earth", os cofiaf yn iawn.[39]

Pam na ddilynais y trywydd hwn o'r blaen, wn i ddim yn union. Fel amryw ddarllenwyr eraill, efallai fy mod wedi cael fy nallu i'r fath raddau gan ddawn dweud Emyr Jones yn *Gwaed Gwirion* fel na fyddwn wedi cymryd fawr o sylw o gyfeiriad mor ymddangosiadol ddiniwed â hyn. Wedi'r cyfan, rhyw grybwyll teitl wrth fynd heibio a wnâi, teitl digon generig ei flas, a hynny heb fod yn gwbl siwr a gofiwyd y teitl hwnnw'n gywir hyd yn oed. Does dim sôn am awdur chwaith. Cyn agor y fflodiart yn Gymraeg ar gyfrolau ôl-fodernaidd o ganol y 1980au a dechrau'r 1990au fel *Bingo!* (1985) a *Dirgel Ddyn* (1993), prin bod rhywun wedi cael ei hyfforddi i amau'r adroddwr a'i gymhellion ac i fod ar ei wyliadwriaeth rhag ofn fod yr awdur yn chwarae gyda'i ddarllenydd. Ond gan ddefnyddio un o'r dulliau ymchwil arall sy'n gwahaniaethu'r 1980au oddi wrth y dwthwn hwn sef yr uwchdraffordd wybodaeth a agorwyd gan y rhyngrwyd, euthum ati i gwglo 'Hell on Earth'. A dyma gyrraedd trobwynt.

Fe'm cefais fy hun ar wefan Llyfrgell Genedlaethol Awstralia o bobman a chopi digidol o adolygiad ar gyfrol o'r enw *Hell on Earth* gan Mr F. Haydn Hornsey a ymddangosodd gyntaf yn y *Sidney Morning Herald* ar 23 Awst 1930. A phan ddechreuais ddarllen, dechreuodd clychau ganu yn fy nghof:

> Despite its title, 'Hell on Earth,' by Mr F. Haydn Hornsey, is an excellent corrective to books of the 'All Quiet on the Western Front' type. The author does not attempt to draw a veil over the horrors of war, neither does he lose his balance or his sense of perspective.[40]

Dyma rywbeth a oedd wedi fy nharo innau am *Gwaed Gwirion:* roedd yr hiwmor a'r penderfynolrwydd a'i nodweddai yn wrthbwynt i felancoli a ffatalistiaeth *All Quiet on the Western Front,* nofel boblogaidd Erich Maria Remarque a gyfieithwyd i'r Saesneg yn 1929 a'i haddasu'n ffilm flwyddyn yn ddiweddarach.

> Mr. Hornsey gives a vivid description of the retreat, with the confusion, the uncertainty, the hordes of stragglers seeking vainly for their units which, in many instances had been wiped out. He and two mates became separated from the remnants of their regiment and wandered for days, hungry, footsore, intolerably

weary, with Germans on their heels before they found it again.[41]

Dyma'n union a ddisgrifid ym mhenodau cyntaf *Gwaed Gwirion*: Dan a Meic wedi eu datgysylltu oddi wrth weddill eu bataliwn, yn encilio rhag yr Almaenwyr, a'r ddau ohonyn nhw ar lwgu a diffygio.

> Eventually he was gassed and invalided out of the Army. At the depot where he was awaiting his discharge he was overjoyed to meet Bill, whom he believed to be dead. Their military careers 'ended at this camp with a few happy days together.' He left it 'no longer fit and well and marked A1, but broken in nerve and my future life shortened. I am now a C3 man.'[42]

Wrth ddarllen y disgrifiad hwn gyda'r cyfeiriad penodol at A1 a C3, bron nad oeddwn i'n darllen trosiad i'r Saesneg o ddiweddglo *Gwaed Gwirion*.

O chwilio'r we, sylweddolais mai ychydig iawn o gopïau o *Hell on Earth* a oedd ar gael bellach, y rhan fwyaf ohonyn nhw mewn llyfrgelloedd hawlfraint fel y Llyfrgell Brydeinig yn Llundain a Llyfrgell y Bodleian yn Rhydychen. O ganfod ar wefan Llyfrgell Genedlaethol Cymru fod copi o'r gyfrol yn eu casgliad, y cam nesaf oedd trefnu ymweliad ymchwil ag Aberystwyth.

*   *   *

Cyfrol glawr caled yw *Hell on Earth* gan Frank Haydn Hornsey ac fe'i cyhoeddwyd yn Llundain gan wasg Chapman & Hall yn 1930. Mae'n cynnwys cyfanswm o 244 o dudalennau, pedair ar bymtheg o benodau, a rhyw 60,000 o eiriau; 135 tudalen sydd yn *Gwaed Gwirion*, deuddeg pennod, a rhyw 45,000 o eiriau. Cyfeiria'r siaced lwch at hwn fel llyfr anarferol yng nghanol y llif o lyfrau rhyfel a gyhoeddid ar y pryd sef cofnod byw a realistig nad oedd yn amddifad o hiwmor. Gallai'r disgrifiad hwn fod wedi ei argraffu'n froliant ar gefn *Gwaed Gwirion*:

> As the actuality of the record is its outstanding feature, no attempt has been made to tamper with the author's text, or to improve his style. The story is printed just as it was written, with all its crude revelations of the sufferings of a half-starved army retreating through a network of traps and surprises, and yet keeping up its courage, its sense of humour, and its indominable will to live.[43]

Mewn nodyn gan y cyhoeddwr, mae rheolwr-gyfarwyddwr y wasg, Arthur Waugh – tad y nofelydd Evelyn Waugh – yn cadarnhau mai dogfen ffeithiol yw hon: 'His record, which is pure fact from start to finish, has been printed exactly as he wrote it. No attempt has been made to improve the style, or even to correct errors in grammar.'[44] Yr iaith lafar, nid iaith geiriadur safonol, oedd patrwm *Gwaed Gwirion* hefyd, a barnodd Tecwyn Lloyd mai 'camp gyntaf' Emyr Jones oedd 'sgrifennu'r hanes fel petai'r hen filwr ei hun yn adrodd' a bod 'Rhen Sarjant 'yn siarad tafodiaith Arfon'.[45] Mae'r siaced lwch a nodyn y cyhoeddwr hefyd yn datgelu mai yn Nhachwedd 1917 y consgriptiwyd Haydn Hornsey, yn fuan ar ôl ei ben blwydd yn ddeunaw, a'i fod wedi mynd draw i Ffrainc yn Ebrill 1918. Byddai hynny'n ogystal yn cyd-fynd â man cychwyn hanesyddol *Gwaed Gwirion*.

Wrth ddechrau darllen *Hell on Earth*, doedd yna'r un adlais amlwg o *Gwaed Gwirion* i'w glywed. 'I leave my home to enlist' yw teitl y bennod gyntaf a'r awdur yn disgrifio'i hun yn listio yn Coventry; un o gryfderau *Gwaed Gwirion* yw nad oes ynddi unrhyw ragymadroddi a bod y darllenydd yn cael ei daflu bendramwnagl i ganol y digwydd yn Ffrainc o'r frawddeg gyntaf un. Yna ar dudalen tri cyfeirir at gyfaill y traethydd: 'My pal was Bill Worthy . . . A Londoner with a cockney accent . . . Gambling was his chief pastime',[46] a chofiais fod Meic Lloyd o Aberdâr, mêt Dan Roberts, hefyd yn cael ei ddisgrifio fel 'gamblwr wrth natur'.[47] Yn yr ail bennod, 'Off to France', cyfeirir at gêm ddis Crown and Anchor sydd ym meddiant Bill, gêm gamblo boblogaidd ymhlith morwyr yn draddodiadol ac un o'r gemau y cyfeirir atynt ym mhennod 8 *Gwaed Gwirion*. Ym mhennod 3, 'Calais. The house with the red lamp', y cyrhaeddir y dref porthladd a enwir ym mrawddeg gyntaf *Gwaed Gwirion*, ac yma y datgelir yn chwareus wrth y darllenydd: 'Oh, what a night! I will leave you to guess whether it was by accident or design that we found ourselves in Number 11 – one of the most notorious houses of ill fame in the town.'[48] Dyma enghraifft, efallai, o un o'r 'crude revelations' y cyfeiria'r siaced lwch atynt, ond dim ond ym mhennod 8 yn *Gwaed Gwirion* y disgrifir 'busnas "estaminet" a "Red Lamp"' a hynny mewn tôn feirniadol ac anghymeradwyol.[49]

Hyd yma, o leiaf, roedd digon o bellter rhwng

Hell on Earth a *Gwaed Gwirion* i gyfiawnhau awgrym Emyr Jones mai patrwm a brith gof yn unig oedd y gyfrol Saesneg iddo. Ond yna, dyma ddechrau darllen pennod 4, 'We go to Western Front', a'r ddau baragraff agoriadol hyn a'm gadawodd yn gegrwth:

Early next morning about a hundred of us and an officer started for the front to join our unit – who were already up there somewhere. God knows how far we tramped – miles and miles. We continually lost our way. It would soon be night and still we had not found our unit. We were all fed up. The firing was nearer and then at last we arrived at the village where we expected to find our unit – only to discover that they had gone up the line somewhere that morning and no one knew where. Perhaps a few miles this side of Armentières, or even on to the Erquingham road. We had just to keep going on – we had to find that unit for food.

Darkness came – things were getting bad and we had lost our way again. Thank God at last we arrived at Erquingham, where we were able to get a drink.[50]

Doedd dim modd gwadu'r adlais diamheuol y tro hwn o ail baragraff *Gwaed Gwirion*:

Ben bora drannoeth mi gychwynnodd rhyw gant ohonon ni hefo un o'r offisars i chwilio am ein bataliwn ni, a oedd i fod i fyny'r ffrynt yn rhywla'n disgwyl amdanon ni. Duw a ŵyr pa mor bell y daru ni drampio – milltiroedd ar filltiroedd – a cholli'r ffordd sawl gwaith. Mi ddoth yn nos a ninna' heb ddod o hyd i'r fataliwn ac wedi cael llond 'n bolia' ar grwydro. 'Roedd sŵn y tanio'n llawer nes erbyn hyn. Toc, mi ddeuthon i bentra' arall ac 'roeddan ni'n meddwl yn siŵr y basa' rhai o'n bataliwn ni yno'n rhywla. Ond na, 'roeddan nhw wedi 'madal y bora hwnnw, a 'wydda' neb i ble. Mi gawson ar ddeall 'n bod ni'n rhywla yng nghyffinia' Armentières – 'ta bwys am hynny, dŵad o hyd i'r lleill oedd yn bwysig i ni er mwyn cael bwyd. 'Doedd dim amdani felly ond pwyso mlaen drwy'r tywyllwch nes i ni o'r diwadd gyrraedd lle o'r enw Erquingham. Mi ellwch feddwl mor falch oeddan ni o gael ista i lawr am sbel a chael tipyn o win i'w yfad.[51]

Cyfieithiad digywilydd oedd hwn – doedd dim byd damweiniol ar ei gyfyl – ac Emyr Jones wedi trosi Saesneg pur niwtral Haydn Hornsey i iaith lafar rwydd a chartrefol. O hyn ymlaen dilynir *Hell on Earth* fel cysgod ac nid 'Rhen Sarjant yw 'arweinydd' Emyr Jones, fel yr awgrymodd, ond Haydn Hornsey. Hynny yw, os mai'r 'llais bach tu mewn' oedd ffordd 'Rhen Sarjant o siarad a roddodd fodel o fynegiant i Emyr Jones, i 'lais mawr tu allan' Haydn Hornsey yr oedd yn ddyledus am y cynnwys.

Cyplysir rhai o benodau *Hell on Earth* gan Emyr Jones, cwtogir ac aildrefnir yma a thraw, ac ychwanegir ambell bwt fel y ddau bennill o ganeuon milwyr a ddyfynnir at ddiwedd pennod 10. Ond does dim o'r newidiadau yn ddigon arwyddocaol i wadu'r ffaith mai'r hyn a geir yw benthyciad systematig, hunanymwybodol a bwriadus. Mewn gair, ni fyddai Emyr Jones fyth wedi gallu ysgrifennu ei gyfrol ef oni bai am Haydn Hornsey. Gan fod traethydd *Hell on Earth* a'i gyfeillion Bill a Chester wedi eu hailenwi'n Dan, Meic a Chopper, a lleoliadau wedi eu Cymreigio drwy eu galw'n Llanberis a Llandudno, mae'n gwneud mwy na chyfieithu'n llythrennol: mae'n cyfaddasu'r gwaith gwreiddiol. A dyna oedd *Gwaed Gwirion* bellach: nid nofel wreiddiol a ysgrifennwyd yn 1965 ond cyfaddasiad o'r hunangofiant *Hell on Earth* gan Frank Haydn Hornsey.

Ar ôl cymryd gwreiddioldeb *Gwaed Gwirion* yn ganiataol cyhyd, rhaid cydnabod fy siom yn wyneb y darganfyddiad hwn. Roedd Emyr Jones wedi mwynhau'r parch a'r bri heb gydnabod maint ei ddyled, yn wir, maint ei ddibyniaeth ar *Hell on Earth*. Un o uchafbwyntiau'r gyfrol a oedd wedi aros efo mi ar hyd y blynyddoedd oedd yr olygfa yn y bennod olaf ond un lle y darlunnir milwr Almaenaidd yn farw gyda'i gas ffidil yn ei law, yr olygfa a ddewiswyd, fel y mae'n digwydd, i gloi'r rhaglen deledu am y gyfrol oherwydd ei dwyster a'i grym. Wrth nesu at ddiwedd *Hell on Earth*, bron nad oeddwn i'n dyheu na fyddai'r olygfa hon yno er mwyn gallu ymgysuro yn y ffaith mai Emyr Jones a'i dyfeisiodd o'i ben a'i bastwn ei hun. Yn ofer: dyma gyrraedd y bennod olaf ond dwy a'r disgrifiad hwn:

In a small dugout at the end of the trench a German Officer lay dead – we also found a violin and a bow in a case and a large quantity of music. Much of this looked like his own compostition as they were written in ink and others only partly finished. Who knows? This man might have been a great musician. We all knew that Germany had the very best of her musicians on the War front on account of them being very quick to hear. They were put into listening posts in order to be able to detect any movement of the enemy quickly. But who was this German musician we found who prized his violin and music so much that he carried it with him even right up to the front lines? It suggests that he loved his violin so much that even in War he could not bear to be parted with it. Perhaps the violin which Bill was now holding was of great value – perhaps one of the old Italian Masters. What did that music say which was all in manuscript? Some finished – some only half finished. Was it some grand Opera or a splendid Sonata for violin? Anyhow he must have loved these things better than life itself. The world of music may now be a little poorer now he is gone, his violin silent, and his hand still.[52]

Fel hyn y mae'r un adran yn darllen yn Gymraeg:

Ym mhen pella'r ffos, mewn dygowt bychan, mi welson offisar ifanc yn gorwadd yn farw a chas ffidil yn 'i law o, ac i mewn yn y cas hefo'r ffidil 'ro'dd bwndal o bapur miwsig. 'Ro'dd 'na dudalenna' lawar o gerddoriaeth wedi'i sgwennu mewn inc – 'i waith o'i hun, ma'n siŵr. Mi ddoth i 'meddwl i ar y pryd – pwy o'dd hwn tybad? Hwyrach, 'tasa fo wedi ca'l byw y basa' fo heddiw 'mysg cyfansoddwrs mawr y byd. Pwy bynnag o'dd o 'ro'dd gynno fo feddwl mawr o'i ffidil i ddŵad â hi hefo fo i'r ffrynt fel hyn. Beth o'dd gwerth y ffidil honno? Canno'dd? Milo'dd hwyrach. 'Doedd hi'n werth dim i ni. A beth am y gerddoriaeth? – 'Unfinished' arall, achos 'welodd honno ddim gola dydd. 'Chawn ni byth w'bod be' gostiodd y rhyfal mewn petha' felly.[53]

Er fy ngwaethaf, roedd cymharu'r ddau ddarn yn datgelu rhywfaint am gamp Emyr Jones, hynny yw, ei gamp newydd bellach fel cyfieithydd a chyfaddaswr. O gymharu â'r gyfatebiaeth rhwng pennod 3 *Hell on Earth* a phennod 1 *Gwaed Gwirion* y dyfynnwyd ohoni gyntaf, mae'r fersiwn Cymraeg yn yr achos hwn yn sylweddol fyrrach na'r un Saesneg; yn wir, mae ynddo dros gant o eiriau'n llai. Hepgorir yn llwyr y cyfeiriad ffeithiol at gerddorion yr Almaen yn cael eu defnyddio gan y fyddin i glustfeinio, ac mae grym emosiynol a ffocws personol y darn yn gryfach o'r herwydd. Mae brawddeg glo Emyr Jones hefyd yn lledu arwyddocâd y darn drwy ychwanegu ergyd oesol a byd-eang ato. Amlygir creadigrwydd Emyr Jones yn yr ieithwedd lafar a gynhaliodd ar hyd y gyfrol a'i gelfyddyd yn ei gyfaddasu detholus mewn mannau. Ac o roi ystyriaethau ynghylch goblygiadau moesegol yr hyn a wnaeth i'r naill ochr am y tro, roedd hyn fel petai'n codi'r posibilrwydd rhyfedd fod y cyfaddasiad Cymraeg yn rhagori ar y gwaith Saesneg gwreiddiol ac yn ei ddyrchafu i dir llenyddol uwch.

★   ★   ★

Rhyw fis yn ddiweddarch, trefnais ymweliad ag adran ymchwil Amgueddfa Ryfel yr Ymerodraeth neu'r Imperial War Museum yn Llundain. Yno cefais olwg ar dri thestun sef copïau'r sefydliad o argraffiad 1930 o *Hell on Earth*, ail argraffiad Mai 1968 o *Gwaed Gwirion* y cyflwynwyd copi ohono i'r amgueddfa, a hefyd gopi *facsimilie* a baratowyd yn 2008 o *Hell on Earth*. Cefais ar ddeall yn ddiweddarach mai ŵyr i Haydn Hornsey a drefnodd fod pum copi ar hugain o'r gyfrol yn cael eu paratoi; cadarnhaodd R. S. Richardson – y trosglwyddodd Elinor Wyn Reynolds o Wasg Gomer ei fanylion cyswllt imi – mai at Haydn ac nid Frank y cyfeiriai ei deulu. Cynhwysai'r copi hwnnw ragymadrodd defnyddiol gan Bob Richardson a roddai lawer o wybodaeth

F. Haydn Hornsey pan oedd yn Ffrainc
oddeutu Mai 1918.

fywgraffyddol am ei daid. Fe'i ganed yn Wellingborough yn Swydd Northampton ar 23 Awst 1898 a bu farw yn Earls Barton yn yr un sir ar 22 Ebrill 1979. Rhyw bedair blynedd yn hŷn nag ef oedd Emyr Jones pan fu farw, ac nid dyna'r unig beth cyffredin rhyngddynt. Mae'n amlwg mai cefndir dosbarth gweithiol heb fawr o fanteision materol a gafodd y ddau: gadawodd Haydn Hornsey'r ysgol a mynd yn weithiwr fferm cyn cael ei gonsgriptio ar 19 Tachwedd 1917. Ymunodd â 3rd (Reserve) Battalion The Suffolk Regiment, uned hyfforddi a leolwyd yn Felixstowe, ac yna ei ddrafftio i'r 11th (Service) Battalion Suffolk Regiment (Cambridgeshire). Rhestrir aelodau o'r Suffolks ymhlith yr holl filwyr a oedd ar ffo rhag yr Almaenwyr ym mhennod 2 *Gwaed Gwirion* a chyfeirio at breifat o'r un gatrawd ym mhennod 4 hefyd.

Rhyddhawyd Preifat F. H. Hornsey o'r fyddin ar 12 Chwefror 1919 a chael gwaith yn y man fel asiant i gwmni yswiriant Pearl, swydd a ddaliodd hyd ei ymddeoliad. Priododd yn 1921 a chafwyd dwy ferch o'r briodas honno; ar farwolaeth ei wraig gyntaf, ailbriododd Haydn Hornsey yn 1956. Yr unig lyfr arall a gyhoeddodd oedd *Match Fishing with The Champions* (1951), un yr oeddwn wedi gweld cyfeiriadau ato ar y we, ac mae hynny'n cyd-fynd â'r disgrifiad ym mhennod 8 o *Dan* yn hiraethu am gael pysgota yn afon Hwch ac yn ffieiddio at awgrym Meic a Chopper y gellid taflu grenêd at y brithyllod. Datgelir hefyd fod Haydn Hornsey wedi cadw dyddiadur poced tra oedd yn filwr ac mai dyna fan cychwyn *Hell on Earth*. Ar sail cymhariaeth â hanes milwrol y 34th Division y perthynai ei gatrawd iddo, awgrymir bod yr hyn a gofnodwyd ganddo yn *Hell on Earth* yn ddibynadwy: 'It is clear that the story told in this book fits well into the historical context, and . . . largely based on facts.'[54]

Pan gyhoeddwyd *Hell on Earth* yn 1930, roedd yr ymateb iddi'n lleol yn ffafriol. Disgrifiodd yr awdur ei gyfnod yn y fyddin fel 'just an adventure' i ohebydd y *Northamptonshire Advertiser* ar y pryd – ymdeimlad o antur sy'n sicr yn cael ei gyfleu yn nwy ran o dair cyntaf *Gwaed Gwirion* – gan ychwanegu:[55]

> The book is absolutely true from beginning to end, and I have not exaggerated anything. All the characters had their counterparts in real life, although, of course, the names have been changed. One at any rate is residing in Northamptonshire, and may easily recognise himself![56]

Er gwaetha'r hyn a ddywed yr awdur ei hun ac ar sail patrwm llyfrau rhyfel eraill, ni fyddai rhyw elfen o or-ddweud a dramateiddio, rhamantu a ffuglenoli, yn anarferol, yn enwedig o ystyried bod dros ddeng mlynedd wedi mynd heibio rhwng diwedd y rhyfel a chyfnod cofnodi'r hanes. Cyfeiriodd y *Wellingborough News* at y gyfrol fel un a ymddangosodd yn sgil llwyddiant *All Quiet on the Western Front* (1929), cyfrol a bennodd y ffasiwn o gyflwyno hagrwch rhyfel mewn mewn dull realaidd.[57]

Mae'r cyfeiriad at y nofel Almaeneg yn ddiddorol oherwydd, yn sgil fy ymchwil ddesg i *Hell on Earth* ac ar drywydd copi ohoni, deuthum o hyd i fersiwn o'r gyfrol a gyhoeddwyd yn Leipzig a Berlin yn 1935 ac yna ailargraffiad yn 1938. Llwyddais i brynu copi o'r Almaen ar wefan *eBay* o bobman, arwydd arall o'r modd y mae dulliau ymchwil wedi newid ers y 1980au. Teitl llawn y cyhoeddiad yw *Hell on Earth (A Personal Record of the Battle on the Lys April 1918)* ac mae'n dalfyriad 60 tudalen o'r gyfrol wreiddiol, hynny yw, yn yr iaith fain, gyda rhagair byr yn yr Almaeneg ar y cychwyn a geirfa yn y cefn.[58] Canolbwyntir ar y cyfnod a ddarlunnir yn nwy ran o dair cyntaf *Hell on Earth* a *Gwaed Gwirion*, pan oedd y Prydeinwyr ar ffo a'r Almaenwyr gyda'r llaw uchaf. Delwedd ddethol a gyflwynir felly i gynulleidfa'r Almaen o fyddin y wlad yn rymus ac yn llwyddiannus, a chyfeiria Bob Richardson yn ei ragymadrodd i fersiwn *facsimilie* 2008 o *Hell on Earth* at y ffaith fod nifer o gyfeiriadau negyddol at filwyr yr Almaen wedi eu dileu – hynny yw, eu sensro – o argraffiad yr Almaen.

O'r wybodaeth y tu mewn i glawr ôl argraffiad yr Almaen, mae'n ymddangos bod *Hell on Earth* yn rhan o gyfres o destunau a gyflwynwyd i ddarllenwyr y wlad yn ystod y 1930au, testunau fel *America's German Pioneers* a gyflwynai'r Almaen mewn goleuni ffafriol a rhai fel *British Fascism* a roddai fri ar filitariaeth. Llwyddai'r fersiwn o *Hell on Earth* a argraffwyd yn 1935 dan y ddau ben hwnnw. Yr hyn sy'n aflonyddol am y cyhoeddiad yw ei fod yn rhan o gyfres o lyfrau addysgol a'i fod yn ymgais gan Blaid Sosialaidd Genedlaethol Hitler i fawrygu'r hyn a gyflawnodd yr Almaenwyr yn filwrol yn ystod Brwydr Afon Lys. Mor ddiweddar â 1953, roedd y cyhoeddiad yn dal ar y rhestr o rai y caniateid i sefydliadau addysg eu defnyddio o fewn Gweriniaeth Ddemocrataidd yr Almaen, hynny yw, yr hen floc

Sofietaidd.[59] Ac nid *Gwaed Gwirion* mo'r cyfaddasiad anawdurdodedig cyntaf o *Hell on Earth*: ni wyddai teulu'r diweddar Haydn Hornsey ddim am y cyhoeddiad yn yr Almaen hyd nes iddynt ddod o hyd i gyfeiriad ato ar y rhyngrwyd yn 2004, maen nhw bron yn saff na wyddai'r awdur ei hun amdano, ac mae'n gwestiwn a roddodd y cyhoeddwr gwreiddiol (a gyfunodd â chwmni cyhoeddi Methuen yn ystod y 1930au) erioed ganiatâd i B. G. Teubner ei gyhoeddi.

★   ★   ★

Un tamaid o'r jig-so a oedd yn dal ar goll oedd hunaniaeth 'Rhen Sarjant y dywedodd Emyr Jones wrth Tecwyn Lloyd 'nad cymeriad dychmygol' mohono, ei fod wedi byw 'tan yn weddol ddiweddar' – yn 1969 yr ysgrifennwyd y sylwadau hyn – ac 'wedi bod drwy'r cwbl y mae'r llyfr yn sôn amdano'.[60] Boed Daniel Roberts yn ôl rhagair 1965 neu Thomas Toleman yn ôl sylwadau 1966 a sgwrs 1992, tybed nad oedd hanes milwrol o leiaf un ohonynt yn cyfateb yn ddigon agos i gynnwys *Hell on Earth* i gyfiawnhau ym meddwl Emyr Jones y modd y priodolodd brofiadau Haydn Hornsey i 'Rhen Sarjant? Rhoddodd yr hyn y daethpwyd o hyd iddo'r hoelen olaf yn yr awgrym mai hanesion 'Rhen Sarjant a gofnodir yn *Gwaed Gwirion*: a'r gyfrol wedi ei lleoli yn Fflandrys a Ffrainc ac yn darlunio brwydro ar y Ffrynt Orllewinol, ar y Ffrynt Ddwyreiniol, yn y Dardanelles, y lleolwyd Daniel Roberts a Thomas Toleman ac ni fu'r un o'r ddau ar gyfyl gogledd Ewrop.

Ar *Ancestry.co.uk*, gwefan sy'n fwynglawdd o wybodaeth

i haneswyr teulu, deuthum o hyd i gerdyn milwrol ar gyfer Thomas Toleman a gadarnhâi ei fod wedi ymuno gyda'r Ffiwsilwyr Brenhinol Cymreig fel corporal ond ei fod wedi ei ddyrchafu'n ddiweddarach yn sarjant. Y theatr rhyfel y gwasanaethodd ynddi gyntaf oedd y Balcans ar 8 Awst 1915, ac fe'i rhyddhawyd o'r fyddin bedair blynedd yn ddiwedddarach, ar 26 Awst 1919. Ailgysylltais fel rhan o'r ymchwil newydd gyda Clive Hughes, awdur traethawd ymchwil rhagorol ar ymrestru yng ngogledd Cymru yn ystod y Rhyfel Byd Cyntaf y bûm mewn cysylltiad ag ef flynyddoedd ynghynt fel rhan o fy ymchwil wreiddiol.[61] Gallodd Clive gadarnhau o'r manylion ar y cerdyn fod Thomas Toleman yn aelod o Fyddin y Tiriogaethwyr, a fodolai cyn ffurfio Byddin Newydd Kitchener yn Awst 1914, ac y gallai fod wedi ymrestru cyn i'r rhyfel dorri. Roedd yn aelod o 1/6ed Bataliwn y Ffiwsilwyr y cyrhaeddodd ei 53ed Adran Gymreig Fae Suvla, Gallipoli ar 8 Awst 1915. Daethpwyd o hyd i gyfeiriad at '933 Cpl. T. Toleman' – 903 oedd rhif gwreiddiol Thomas Toleman – mewn rhestr gyhoeddedig o golledion 1/6ed Bataliwn y Ffiwsilwyr rhwng Awst a diwedd Hydref 1915. Cafwyd cyfeiriad ar ei gyfer yn Llanberis a dywedir ei fod wedi cael anaf o wn i'w droed chwith ym Mae Suvla ar 23 Awst 1915.

O ymweld ag adnodd ar-lein ardderchog Llyfrgell Genedlaethol Cymru, *Cymru 1914*, a ganiatâi imi chwilio'n electronig gopïau o bapurau newydd y cyfnod, daethpwyd o hyd i dystiolaeth yn rhifyn 8 Medi 1915 o'r *Dinesydd Cymreig*. Adroddwyd yno fod 'rhestrau y colledion gyhoeddwyd yr wythnos ddiweddaf yn dangos yn eglur fod y Tiriogaethwyr Cymreig wedi gwneud gwaith rhagorol yn y Dardanelles, ac wedi bod yn hynod ddewr'.[62] Yn ddiweddarach ar yr un dudalen, cyfeirir at filwr o Lanberis a glwyfwyd: 'Da gennym glywed fod y Preifat T. Toleman yn gwella yn Ysbyty Bangor, ar ol ei glwyfo yn y Dardanelles.'[63] Mae'n amlwg ei fod wedi gwella ddigon yn y man i gael ei anfon yn ôl i Gallipoli neu'r Aifft. Ddechrau 1917 pan ailrifwyd y Tiriogaethwyr, cafodd Thomas Toleman rif newydd sef 265121.

Yn nesaf euthum ar drywydd Daniel Roberts a chael cymorth arbenigwr arall sydd wedi ymdrwytho yn hanes milwyr Llanberis a'r cylch ac aelodau'r Ffiwsilwyr Brenhinol Cymreig yn gyffredinol. Awgrymodd Hywyn Williams fod mab Thomas Toleman, Preifat John H. Toleman, hefyd wedi gwasanaethu yn ystod y Rhyfel Byd Cyntaf, yn ogystal â'i frawd, Evan Henry Toleman gyda'r Royal Defence Corps yn y wlad hon. O ran Daniel Roberts, nid oedd yn enw mor gyffredin â hynny a dim ond un o'r enw ac oed addas a oedd yn nalgylch Chwarel Dinorwig yn ôl cyfrifiad 1911. Roedd Daniel Roberts o 3 Gellihirbant, Llanberis wedi ymrestru'n wreiddiol – eto fel aelod o Fyddin y Tiriogaethwyr, fe ddyfelir – yn Ebrill 1908, ac mae'n bosib ei fod yn aelod o'r milisia cyn hynny. Corporal oedd yntau ac mae'n ymddangos ei fod yn gydfilwr i Thomas Toleman gan iddo yntau gyrraedd Gallipoli ar 8 Awst 1915, a rhywdro yn ystod y rhyfel enillodd reng sarjant. Wedi'r rhyfel, rhwng 1921 a 1929, parhâi'n aelod o Fyddin y Tiriogaethwyr. Yn achos Daniel Roberts a Thomas Toleman, felly, mae'n ymddangos bod traddodiad milwrol i'r ddau deulu.

Mae dau lythyr gan Daniel Roberts i'w cael ym mhapur yr Eglwys yng Nghymru, *Y Llan*, y cyntaf ar 12 Tachwedd 1915 a'r ail un ar 24 Rhagfyr 1915,[64] llythyrau a anfonodd at y Parch. Hugh Lunt, Nant Peris o'r Dardanelles. Mae'n werth dyfynnu'r cyntaf ohonynt yn ei grynswth:

Llythyr Dyddorol o Faes y Frwydr

Derbyniwyd y llythyr isod oddiwrth un o ffyddloniaid St. Padarn, yr hwn sydd yn ymladd dros ei wlad. Mae nifer mawr o Eglwyswyr o blwyf Llanberis wedi ymuno â'r fyddin. Llawer ohonynt wedi bod yn y ffosydd er's misoedd. Ar y cyfan y maent yn bur galonog ac yn benderfynol o wneyd eu rhan i amddiffyn eu gwlad yn yr argyfwng presenol. Mae amryw o'r bechgyn wedi eu clwyfo, eraill o dan glefyd, ond y mae yn dda genym ddeall eu bod yn gwella. Dau yn unig o fechgyn yr Eglwys sydd wedi syrthio. Cafodd un ei ladd a'r llall a fu farw dan glefyd.

> 145 Cpl. Daniel Roberts,
> B Coy. 1/6 Batt. R.W.F.,
> 158th Inf. Brig.,
> 53rd Welsh Division,
> Med. Exp. Force.
> 28/9/15

Anwyl Syr,

'Rwyf yn cymeryd fy hyfdra i ysgrifenu rhyw ychydig o eiriau i chwi. Teimlo weithiau ei fod yn ddyledswydd arnaf yru rhyw ychydig bach o fy hanes. Mae yn bleser genyf gael dweyd fy mod yn hollol iach ar hyn o bryd fel ag yr wyf yn gobeithio eich bod chwithau oll yn y Rheithordy yr un fath. 'Rwyf wedi myned trwy bethau mawr a gweled pethau mawr iawn er's pan 'rwyf wedi glanio ar y Gallipoli Peninsula. Peth go fawr, onide, oedd gweled eich cyd-filwyr – rhai yn cael eu cymeryd ymaith i'r byd arall ar fyr rybudd, ac ereill yn cael eu gadael am rhyw ddiwrnod neu ddau, o bosibl, mewn poenau cyn cael eu cludo i lawr i'r ysbytty. Ond trwy y cyfan i gyd, yr ydym yn cael rhyw nerth i ddal i fyny o hyd. Wel, yn wir, ni fedraf ddweyd wrthych pa mor falch yr wyf o'r Llyfr Gweddi ardderchog a gefais yn rhodd gan gyfeillion fy Eglwys anwyl, St. Padarn. Pan yr wyf yn cael hamdden, yr wyf yn troi i mewn i'r hen Lyfr, ac yn ei ddarllen, ac yn enwedig yn darllen y weddi sydd wedi cael ei gwneyd ar gyfer "Amser Rhyfel a Therfysgau." Ardderchog iawn yw yr hen Lyfr Gweddi. Rhodd yw hon sydd yn cael ei hagor a'i darllen, mi allaf fentro dweyd, mewn rhan o wlad na ddarllenwyd mohono o'r blaen cyn y rhyfel yma. Dyna i chwi un peth go dda am yr hen Lyfr Gweddi. Ni allaf ddiolch digon i chwi a fy nghyfeillion am y rhodd yma. Y mae yma gaplan gyda ni, ond fel y mae yn digwydd, tydi'r hen iaith Gymraeg ddim ganddo. Mae yma Gymun bob boreu Sul am 8, a gwasanaeth am 6 yn yr hwyr. Chwi welwch mai trefn yr hen Eglwys anwyl sydd yn dal ei dir hyd yn nôd ar faes y gwaed.

Pump sydd yma o Eglwys St. Padarn rwan, sef Sergt. Pritchard, J. J. Owen, Robert Lewis, Percy Buck, a finau. Mae y bechgyn eraill wedi cael eu gyru oddiyma, rhai wedi eu clwyfo, ac eraill yn wael eu hiechyd. 'Does yma dim ond deg i gyd o Lanberis ar hyn o bryd.

Mae y Battalion wedi myned yn rhif bychan iawn. Mi 'roedd hi yn naw cant ac ugain yn glanio yma, a hyny ar y nawfed o Awst. Heddyw tydi hi ddim ond tri chant o *fighting strength*, felly chwi welwch ein bod ni wedi myned trwy dipyn o bethau. Mae yn fwy na thebyg eich bod wedi clywed am y cyfaill a'r brawd ieuanc Edwin Jones, mi gafodd ei saethu trwy ei ben gan sniper oddiar ben coeden, ac fe fu fyw am chwarter awr, ac ni ddywedodd yr un gair ond marw yn dawel. Mi ddaru i ni ei gladdu yn barchus, mor barchus ag oedd bosibl i ni wneyd, ar y 13eg o Awst, a rhoi croes fach wrth ben ei fedd.

Dyma i chwi beth 'rwyf yn ei feddwl am y Turks fel rhai yn ymladd am eu gwlad. Hen goward ydi o ar y cyfan. Am lechu yn ei drench y mae. Tydi o ddim am ddangos ei drwyn o gwbl, ac nid yw yn ymosod os caiff lonyddwch, ond amddiffyn y mae. Y rhai sydd wedi ein difa ni yw y *snipers* sydd ar ben y coed. Does dim posibl eu gweled. Maent wedi paentio eu hunain yr un lliw a'r coed, ac fe ddywedir fod ganddynt ddigon o fwyd, digon o ddiod, a digon o 'ammunition' am dri mis, ac mae bob tri mis y maent yn cael eu newid.

Yr ydym yn cael *rest* ar hyn o bryd ar ol chwech wythnos o lafur caled iawn. Gweithio ddydd a nos yn gwneyd 'trenches'. Mi fuasai yn werth i chwi weled fy 'nug out', lle 'rwyf yn cysgu, rhyw dwll mawr ac wedi buildio round ei ochrau gyda cherrig mawr a 'waterproof sheet' yn do arno, ac yn cysgu yn fy nillad a fy esgidiau. Mae'n rhy oer i'w tynu. Mae y tywydd yn dechreu newid. Mae hi yn oer iawn yn y nos. Mae yna lawer o ganu ar emynau. Y Sais un ochr yn canu, y Scottish yr ochr arall, a'r hen Gymro mewn rhyw gilfan yn canu yr hen emynau Cymraeg ar yr hen donau anwyl, nes bo echo y lleisiau i'w glywed yn y pellderoedd. Dyma i chwi ein prif donau – Aberystwyth, Crug-y-bar, a Sandon ar y geiriau bendigedig:

'Oleuni mwyn, trwy dew gysgodau'r byd,
O arwain fi.'

Nid oes genyf fwy o newyddion y tro yma. Dyma un o'r pethau hynotaf yn ngwlad y Twrc, ydyw gweled rhywfath o fes (acorns) yn tyfu ar goed celyn, rhyw goeden sydd yn tyfu tua thair troedfedd o uchder ac yn tyfu allan o ganol craig.

Rhaid i mi dynu at y terfyn. A fyddwch mor garedig a'm cofio at fy nghyd-Eglwyswyr i gyd. Does genyf ddim ond gobeithio y caf dd'od adref yn fyw ac yn iach i mi gael gwel'd yr Eglwys anwyl wedi ei gorphen.

Gyda chofion atoch chwi a'r teulu. Hyn yn fyr ac yn fler oddiwrth un o'ch defaid,

DANIEL ROBERTS[65]

Os dyma'r Daniel Roberts go iawn y crybwyllir ei enw yn rhagair *Gwaed Gwirion* – a does yna'r un milwr arall o'r un cyfnod a chefndir sy'n cyfateb i'r enw hwnnw yn y cofnodion milwrol – yr hyn sy'n drawiadol yw'r bwlch diwylliannol rhyngddo a chymeriad 'Rhen Sarjant. Ni ddatgelir unrhyw ddimensiwn ysbrydol neu grefyddol i'r cymeriad hwnnw, ond hogyn eglwys yw'r Dan hwn ac mae ei iaith hefyd yn llawer mwy llenyddol a fawr o ôl y Saesneg arni.

Roedd gan Hywyn Williams awgrym arall defnyddiol pan dynnodd sylw at y ffaith y byddai gan ugeiniau os nad cannoedd o weithwyr Chwarel Dinorwig yn y 1920au a'r 1930au brofiadau milwrol, hynny yw, llawer mwy na dyn llnau caban yn unig. Er mor fyw y disgrifir 'Rhen Sarjant gan Emyr Jones yn ei ragair i *Gwaed Gwirion*, codai'r cwestiwn hwn: tybed a fu yna'r erioed un cymeriad o'r fath neu ai cyfuniad o straeon rhyfel a glywodd gan amryw gynfilwyr oedd y cyfan yn ei gof? A ellir rhoi unrhyw goel ar eiriau'r rhagair neu ai yno y mae'r ffuglen yn *Gwaed Gwirion* yn dechrau?

Gyda chymorth yr hanesydd lleol Dafydd Whiteside Thomas, llwyddwyd i leoli beddau'r ddau o fewn dwy res i'w gilydd ym mynwent Nant Peris ger Llanberis.[66]

Bu farw Thomas Henry Toleman o 10 Maes Padarn, Llanberis yn 80 mlwydd oed ar 19 Mai 1957. Cyfeiria'r adroddiad am ei farwolaeth ym mhapur wythnosol y *Caernarvon and Denbigh* ato fel aelod tra chyfarwydd o'r gymuned gan ei fod yn hanu o un o hen deuluoedd y pentref.[67] Dywedir hefyd ei fod wedi gwasanaethu yn y Rhyfel Byd Cyntaf ac yn y lluoedd arfog mewn amryw ffyrdd o bryd i'w gilydd. 78 oed oedd Daniel Roberts o 7 Maes Derlwyn, Llanberis pan fu farw ar 5 Ebrill 1966, a chyfeirir ato fel hen chwarelwr.[68] Yn ddiddorol, roedd Daniel Roberts yn fyw pan gyhoeddwyd *Gwaed Gwirion* yn Rhagfyr 1965, ond erbyn Awst 1966 pan enillodd Emyr Jones Wobr G. J. Williams, roedd wedi marw a'r awdur wedi newid ei gân drwy gyfeirio at Thomas Toleman a fu farw naw mlynedd ynghynt fel sail i'w gyfrol.

Un gwahaniaeth prin ond arwyddocaol rhwng cynnwys *Hell on Earth* a *Gwaed Gwirion* yw'r olygfa ym mhennod 11 o lyfr Emyr Jones pan roddir y teitl 'sarjant' i Dan a dyrchafu'r preifat Meic Lloyd yn gorporal. Preifat fu Haydn Hornsey ar hyd ei yrfa filwrol ac ni ddisgrifir dim o'r fath yn ei lyfr ef. Onid ymdrech oedd yr ychwanegiad hwn gan Emyr Jones i glymu cynnwys *Gwaed Gwirion* wrth gymeriad 'Rhen Sarjant? Byddai'r elfen hon o leiaf yn cyd-daro gyda phrofiad real Thomas Toleman a Daniel Roberts gan fod y ddau gorporal, fel y gwelwyd o'r dystiolaeth filwrol uchod, wedi eu dyrchafu'n sarjantiaid.

★   ★   ★

Erys amryw gwestiynau ynghylch *Gwaed Gwirion*. Nid am y tro cyntaf yn achos rhyddiaith y Rhyfel Byd Cyntaf, er efallai am resymau gwahanol, mae'r cwestiwn yn codi ai nofel yw hi. Fel darllenwyr nofelau, disgwyliwn wreiddioldeb a newydd-deb gan yr awdur: 'The novel is . . . the logical literary vehicle of a culture which, in the last few centuries, has set an unprecedented value on originality, on the novel; and it is therefore well named,' meddai Ian Watt yn *The Rise of the Novel*.[69] Y newydd-deb hwn oedd un o brif resymau Islwyn Ffowc Elis dros wobrwyo'r llyfr yn 1966: 'Mae "Gwaed Gwirion" yn llyfr nodedig, yn gampwaith o'i fath, yn gyfraniad newydd i lenyddiaeth Gymraeg o ran deunydd a dull.'[70] Ac o wybod bellach na fu'r llyfr erioed yn newydd yn yr ystyr y tybiodd Islwyn Ffowc Elis, mae'n ddiddorol sylwi fel y ceisiodd Emyr Jones ymryddhau o bwysau'r clod hwnnw pan aeth ati i drafod y broses o greu *Gwaed Gwirion* yn ddiweddarach yr un flwyddyn:

> Eleni fe'm gwahoddwyd innau i ymdrin â'r broblem o ail-greu. Dywedir wrthyf yn awr, ar ôl cyhoeddi'r gyfrol 'Gwaed Gwirion' fod hyn yn rhywbeth newydd mewn llenyddiaeth Gymraeg. Tybed? 'Rwy'n ddigon siŵr na ddaeth i'm meddwl am foment y syniad o fynd ati i sgrifennu mewn dull newydd a gwahanol i bawb o'm blaen, ac yr wyf yr un mor sicr mai methiant truenus a fuasai unrhyw ymgais ar fy rhan i wneud hynny.[71]

A yw'r ffaith fod Emyr Jones wedi mynd ati i gyfieithu a chyfaddasu hunangofiant milwrol cyn ei gyflwyno'n gamarweiniol fel nofel yn seiliedig ar atgofion rhyfel cymeriad hanesyddol o'r enw 'Rhen Sarjant, y tybir bellach y gallai fod yn greadigaeth ddychmygol, yn golygu mai nofel yw *Gwaed Gwirion* o hyd? Ac eto, o ddisgrifio'r broses o ffugio a ffuglenoli felly, efallai'n wir fod y creadigrwydd a'r dyfeisgarwch sy'n nodweddu dull Emyr Jones o fynd o'i chwmpas hi yn awgrymu math o wreiddioldeb a uniaethwn gyda *genre* y nofel wedi'r cyfan . . .

Cwestiwn arall sy'n codi yw'r un ynghylch llên-ladrata, cysyniad a ddiffinnir fel hyn gan *Geiriadur Prifysgol Cymru*: 'Defnyddio neu gyhoeddi gwaith (syniadau, &c.) awdur, cyfansoddwr, &c., arall gan honni ei fod yn waith gwreiddiol, cyhoeddi (llyfr hawlfraint, &c.) heb ganiatâd.'[72] Mae goblygiadau moesegol a chyfreithiol i'r cyhuddiad hwn a rhaid craffu'n ofalus ar y dystiolaeth. Dyma a honnir gan Emyr Jones yn ei ragair i *Gwaed Gwirion*: 'Ceisiais osod ei straeon [rhai 'Rhen Sarjant] ar batrwm cyfrol gyffelyb a ddarllenais rywdro, flynyddoedd yn ôl, o dan y teitl "Hell on Earth", os cofiaf yn iawn.'[73] A yw'r ffaith fod Emyr Jones yn crybwyll *Hell on Earth* yn ei ragair yn ddigon i'w amddiffyn rhag y cyhuddiad o lên-ladrad? Wedi'r cyfan, heblaw ei fod wedi gwneud hynny, pa mor debygol yw hi y byddai unrhyw un wedi sylweddoli'r berthynas rhwng y ddau lyfr? Ai gweithredu'n naïf a wnaeth, felly, yn anwybodus ynghylch goblygiadau'r hyn a gyflawnodd? Yr hyn sy'n rhwystro dyn rhag rhoi mantais yr amheuaeth honno i Emyr Jones ac yn chwalu'r canfyddiad o ddiniweidrwydd yw'r cymal sy'n awgrymu nad yw o reidrwydd yn gallu cofio teitl *Hell on Earth* yn iawn. Ond mae dibyniaeth

Emyr Jones ar *Hell on Earth* mor sylfaenol fel y byddwn i'n dadlau ei fod wedi ysgrifennu *Gwaed Gwirion* gyda chopi o *Hell on Earth* wrth ei benelin; o ddadlau felly, yna mae'n dilyn ei fod yn cofio'r teitl ac yn gwybod enw'r awdur yn iawn. Y cyhuddiad lleiaf yn erbyn Emyr Jones yw iddo fod yn grintach gyda'r gwirionedd.

Beth felly am gymhellion Emyr Jones, cwestiwn sy'n mynd â ni i fyd seicoleg? Pan holais Harri Parri ynghylch yr union fater hwn, awgrymodd y gallai'r ateb i'r cwestiwn fod ynglŷn â chydnabyddiaeth a statws, hynny yw, y ffaith ein bod yn gosod awdur gwreiddiol ar ris uwch nag awdur cyfieithiad. Pwyslais cymharol ddiweddar, un sy'n deillio o'r cyfnod Rhamantaidd at ddiwedd y ddeunawfed ganrif, yw'r pwyslais hwn ar wreiddioldeb mewn creadigrwydd. Dyna pam y dywed Saunders Lewis wrth drafod Ellis Wynne mai'r 'gwir syml yw bod sôn am lên-ladrad yn y 18fed ganrif gan amlaf yn anachroniaeth ddiystyr'.[74] Dangoswyd yn glir gan Gwyn Thomas faint dyled *Gweledigaethau'r Bardd Cwsg* (1703) i weledigaethau'r Sbaenwr Quevedo, Roger L'Estrange, Tom Brown a J. S. Gent, ond ni chyfrifid hynny'n wendid ar y pryd na cheisio celu'r ffaith; i'r gwrthwyneb, gwnaed defnydd o'r dylanwadau amlwg er mwyn hyrwyddo'r gwaith:

> Mr Ellis Wynne of Harlech promises us his Bardd Cusc very shortly which is in imitation of Don Quevedo. No question but it will be very acceptable to our Countrymen who have been so long used to Hên Chwedleu. Tom Browns letters from ye dead etc. together with old Lucian will give him sufficient hints & he is resolved to adapt all to ye Humour of ye Welsh.[75]

A fyddai'n rhesymol disgwyl i Emyr Jones weithredu'n fwy agored pe na baem yn rhoi'r fath bwyslais ar wreiddioldeb? A fyddem ni'n cyfrif *Gwaed Gwirion* yn llyfr llai arwyddocaol petai wedi ei gyflwyno fel yr hyn ydyw sef cyfaddasiad creadigol o'r cychwyn cyntaf? A ydym yn rhoi safle eilradd o fewn ein traddodiad rhyddiaith i *Gweledigaethau'r Bardd Cwsg* neu weithiau rhyddiaith eraill o'r ail ganrif ar bymtheg a'r ddeunawfed ganrif o wybod am yr amalgam o ddylanwadau llenyddol a benthyciadau syniadol sy'n rhan hysbys o'u cyfansoddiad? Wedi'r cyfan, nid yw dyled Charles Edwards i hanes Gildas yn rhwystro Derec Llwyd Morgan rhag dyfarnu *Y Ffydd Ddi-ffuant* yn un o glasuron ein rhyddiaith na benthyciadau Theophilus Evans o gyffelybiaethau Fyrsil yn rhwystro Bedwyr Lewis Jones rhag galw *Drych y Prif Oesoedd* yn glasur.[76]

★   ★   ★

Yn y pen draw, anonestrwydd Emyr Jones yn camarwain ei ddarllenwyr drwy beidio â chydnabod mor sylweddol a sylfaenol oedd ei ddyled i Haydn Hornsey − dyna brif achos fy siom. A'r gwirionedd am *Gwaed Gwirion* bellach wedi ei ddadlennu, mae'n braf gallu croesawu mwy nag argraffiad newydd o'r testun: dyma'r argraffiad cyntaf ohono sy'n 'agored' ynglŷn â'i hunaniaeth. Mae hyn yn digwydd gyda chydsyniad a chydweithrediad y ddau deulu, teulu'r diweddar Haydn Hornsey a'r diweddar Emyr Jones, a diolchir iddyn nhw am eu hymateb deallgar ar hyd y daith. Ar ryw olwg, mae cyhoeddi *Gwaed Gwirion* fel hyn yn weithred amserol o gymod. Braf yw cael cofnodi'r ffaith fod *Hell on Earth* hefyd wedi cael chwistrelliad o waed newydd er Ionawr 2014 gan ei bod bellach ar gael i'w llawrlwytho fel e-lyfr ar wefan *Amazon*. O ganlyniad, gall y sawl sy'n chwilfrydig gymharu'r ddau destun fel y mynno.

Er nad yr un mo *Gwaed Gwirion* bellach â phan ddarllenais hi gyntaf, rwy'n gwbl argyhoeddedig fod iddi werth llenyddol a grym creadigol o hyd, ond llawn mor ddiddorol fydd gweld beth sydd gan ddarllenwyr newydd, o genhedlaeth wahanol, i'w ddweud amdani wrth iddynt ei darllen yn ei diwyg ffres a hynny, o bosib, am y tro cyntaf un. Ar drothwy hannercanmlwyddiant ei chyhoeddi gyntaf ac ym mlwyddyn canmlwyddiant y Rhyfel Byd Cyntaf, dyma gyfrol sydd wedi meddiannu'n gofiadwy ar gyfer yr iaith Gymraeg brofiadau a wynebodd degau o filoedd o fechgyn a dynion Cymru rhwng 1914 a 1918, ac mae'n gofeb lenyddol i'r 40,000 o blith y 280,000 ohonynt na ddaeth adref o'r gyflafan enbyd honno'n fyw.

GERWYN WILIAMS
Awst 2014

Nodiadau

[1] Darlledwyd y rhaglen ddogfen *Gwaed Gwirion* gan Gwmni Ffranc ar S4C ar 28 Gorffennaf 2014.

[2] Dyfynnwyd ar siaced lwch yr argraffiad cyntaf o Emyr Jones, *Gwaed Gwirion* (Lerpwl: Gwasg y Brython, 1965). Dyfelir mai i un o gystadlaethau'r Cymdeithasau Llyfrau Cymraeg yr anfonwyd y deipysgrif. Gweler *Llais Llyfrau*, 1 (Haf 1964), t. 13, lle y cyfeirir at ddwy gystadleuaeth: 'NOFEL ar unrhyw destun. Gwobr: £25 i bob nofel sy'n deilwng i'w chyhoeddi', a'r dyddiad cau yn 1 Mawrth 1965; 'NOFEL o unrhyw fath. Gwobr: £25', a'r dyddiad cau yn 30 Medi 1965.

[3] Glyn Ashton, 'Y Nofel', yn Geraint Bowen (gol.), *Y Traddodiad Rhyddiaith yn yr Ugeinfed Ganrif* (Llandysul: Gwasg Gomer, 1976), t. 125.

[4] 'Rhyfel 1914–18', *Western Mail* (29 Ionawr 1966). Adolygwyd hunangofiant E. Beynon Davies, *Ar Orwel Pell* (1965), yn yr un golofn. Dywed Saunders Lewis mai 'dau lyfr a fu mewn cystadlaethau am y gyfrol orau o atgofion rhyfel yw'r ddau hyn'. Un o gystadlaethau eraill y Cymdeithasau Llyfrau Cymraeg a symbylodd Beynon Davies i groniclo ei hanes yn ystod y Rhyfel Byd Cyntaf: gweler *Llais Llyfrau*, 1 (Haf 1964), t. 13, lle y cyfeirir at ''ROEDDWN I YNO: Straeon tua 5,000 o eiriau wedi eu seilio ar brofiad personol yr awdur mewn unrhyw ddigwyddiad pwysig – megis brwydr, dadl, gŵyl.' Cyfrol arall o ddeilliodd o'r un gystadleuaeth yw'r un a olygwyd gan William Morris, *'Roeddwn I Yno: casgliad o straeon profiad* (Caernarfon: Argraffty'r M.C., 1966), sef casgliad o atgofion am wahanol ryfeloedd yn ystod yr ugeinfed ganrif. Oherwydd y cyfeiriad at bum mil o eiriau, mae'n anodd credu mai i'r un gystadleuaeth yr anfonwyd *Gwaed Gwirion*, a'i bod yn debycach ei bod wedi ei hanfon i un o gystadlaethau'r nofel y cyfeirir atynt yn nhroednodyn 2 uchod.

[5] 'Rhyfel 1914–18'.

[6] 'Gwobr yr Academi i nofel gan athro', *Y Faner* (4 Awst 1966).

[7] D. Gwenallt Jones, dyfynnwyd yn 'Gwobr yr Academi i nofel gan athro'.

[8] Islwyn Ffowc Elis, dyfynnwyd yn 'Gwobr yr Academi i nofel gan athro'.

[9] 'Rhyfel 1914–18'.

[10] Gw. adolygiad Harri Gwynn, 'Campwaith cyfysgwydd a'r goreuon mewn unrhyw iaith', *Y Cymro*, 17 Chwefror 1966, t. 2.

[11] Gw. ffeil 'Yr Academi Gymreig: Gohebiaeth Gyffredinol 1966', CSG1/9 yn Llyfrgell Genedlaethol Cymru a'r eitemau a ganlyn: llythyr oddi wrth Bobi Jones at Euros Bowen, Ysgrifennydd yr Academi Gymreig, dyddiedig 23 Ebrill 1966, A9/31; llythyr Bedwyr Lewis Jones at Euros Bowen, diddyddiad, A9/75; llythyr Gwyn Thomas at Euros Bowen, dyddiedig 19 Mehefin 1966, A9/81. *Lleian Llan Llŷr* (1965) gan Rhiannon Davies Jones oedd dewis dau aelod arall, ond gan fod yr awdures yn aelod o'r Academi, nid oedd yn gymwys i'w hystyried ar gyfer y wobr. Gw. llythyr Gwilym R. Jones at Euros Bowen, dyddiedig 9 Mehefin 1966, A9/76, a D. J. Williams, llythyr at Euros Bowen, dyddiedig 20 Mehefin 1966, A9/84.

[12] Gw. Casgliad Geoff Charles yn Llyfrgell Genedlaethol Cymru, 5 Awst 1966, h.y. lluniau a dynnwyd yn ystod Eisteddfod Genedlaethol Aberafan. Gellir cael mynediad at y casgliad ar-lein ar wefan LlGC, <http://geoffcharles.llgc.org.uk>.

[13] Gw. D. Tecwyn Lloyd, 'Llenyddiaeth Cyni a Rhyfel: 1914–1939', *Llên Cyni a Rhyfel a Thrafodion Eraill* (Llandysul: Gwasg Gomer, 1987), tt. 11–42.

[14] Cyhoeddodd Robert Neumann ei nofel, *Sintflut*, yn 1929, ac fe'i cyfieithwyd fel *Flood* yn 1930. Cyhoeddodd Erich Maria Remarque ei nofel, *Im Westen nichts Neues*, yn 1929, ac fe'i cyfieithwyd fel *All Quiet on the Western Front* yr un flwyddyn. Cyhoeddodd Robert Graves ei hunangofiant, *Goodbye to All That*, yn 1929. Cyhoeddodd H. M. Tomlinson ei nofel, *All Our Yesterdays*, yn 1930.

[15] 'Yr Arswyd Mawr . . .', *Taliesin*, 12 (Gorffennaf 1966), t. 6.

1

[16] 'Gwaed Gwirion (II)', *Barn*, 80 (Mehefin 1969), t. 220.

[17] Gw. Gerwyn Wiliams, *Tir Neb: Rhyddiaith Gymraeg a'r Rhyfel Byd Cyntaf* (Caerdydd: Gwasg Prifysgol Cymru, 1996), tt. 242–56.

[18] Gw. D. Gwenallt Jones, 'Gwobr yr Academi i nofel gan athro'.

[19] Cyfeiria Gronwy Davies, 'Emyr Jones – dyn â sawl dawn', *Y Gadlas* ('Papur y Fro rhwng Conwy a Chlwyd'), 34/5 (Mai 2008), t. 7, at Emyr Jones fel yr hynaf o naw o blant, ond yn ôl yr hyn a ddywedodd ei deulu wrth yr awdur presennol, Emyr Jones oedd yr hynaf o fechgyn yr aelwyd ac nid o reidrwydd yr holl blant, a bu farw o leiaf ddau ohonyn nhw'n ifanc iawn.

[20] Gw. Emyr Jones, *Canrif y Chwarelwr* (Dinbych: Gwasg Gee, 1963), t. 75.

[21] Gwybodaeth yn y cofnod am Emyr Jones yn John Maxwell Jones (gol.), *Cyfarwyddiadur Awduron Cymraeg Cyfoes* (Philadelphia: Y Golygydd, 1970), t. 21: 'Yn y Fyddin, 1940–46. Gwasanaethu yn Norwy.' Yn Gronwy Davies, 'Emyr Jones – dyn â sawl dawn', dywedir iddo dreulio rhywfaint o'r Ail Ryfel Byd yn 'y Gwasanaeth Cyfrin yn rhan o'r ymgyrch i wared y Natsïaid o wlad Norwy. Daeth iaith a thraddodiadau Norwy yn gyfarwydd iawn iddo a bu'r wlad yn agos at ei galon weddill ei oes.'

[22] Emyr Jones, recordiad ym meddiant yr awdur o sgwrs am *Gwaed Gwirion* i ddosbarth o fyfyrwyr israddedig Adran y Gymraeg, Prifysgol Bangor, 17 Chwefror 1992.

[23] Emyr Humphreys, 'Y Fedal Ryddiaith', yn J. Tysul Jones (gol.), *Cyfansoddiadau a Beirniadaethau Eisteddfod Genedlaethol Frenhinol Cymru Y Fflint 1969* (Llandysul: Gwasg Gomer dros Lys yr Eisteddfod Genedlaethol, 1969), t. 100.

[24] Emyr Jones, 'Rhyfel 'Rhen Sarjant', *Llais Llyfrau*, 6 (Gaeaf 1966), t. 12.

[25] 'Rhyfel 'Rhen Sarjant'.

[26] 'Rhyfel 'Rhen Sarjant'.

[27] 'Rhyfel 'Rhen Sarjant', t. 13.

[28] *Gwaed Gwirion* (Lerpwl: Gwasg y Brython, 1965), t. 6.

[29] Emyr Jones, sgwrs am *Gwaed Gwirion*, 17 Chwefror 1992.

[30] 'Rhyfel 'Rhen Sarjant', t. 13.

[31] Gw. Gerwyn Wiliams, *Tir Neb*, nodyn 41, tt. 273–4.

[32] Emyr Jones, sgwrs am *Gwaed Gwirion*, 17 Chwefror 1992.

[33] *Y Faner* (11 Awst 1966).

[34] 'Gwaed Gwirion (II)', *Barn*, t. 220.

[35] 'Rhyfel 1914–18', *Western Mail* (29 Ionawr 1966).

[36] 'Rhyfel 1914–18'.

[37] Ceir manylion llawn am y gyfres deledu ar y wefan hon: <http://en.wikipedia.org/wiki/The_Great_War_ documentary>.

[38] Gw.<http://www.youtube.com/The Great War episode 21>.

[39] *Gwaed Gwirion*, t. 5.

[40] Adolygiad o F. Haydn Hornsey, *Hell on Earth*, *Sidney Morning Herald* (23 Awst 1930), <http://trove.nla.gov.au/ndp/del/article/16693996?searchTerm=Chapman & Hall Hornsey& searchLimits>.

[41] Adolygiad o *Hell on Earth*.

[42] Adolygiad o *Hell on Earth*.

[43] Dyfynnwyd yn F. Haydn Hornsey, *Hell on Earth* (Llundain: Chapman & Hall, 1930), t. 3.

[44] Arthur Waugh, 'Publisher's note', *Hell on Earth*, t. v.

[45] 'Gwaed Gwirion (II)', t. 220.

[46] *Hell on Earth*, t. 3.

[47] *Gwaed Gwirion*, t. 74.

[48] *Hell on Earth*, tt. 13–14.

[49] *Gwaed Gwirion*, t. 84.

[50] *Hell on Earth*, tt. 16–17.

[51] *Gwaed Gwirion*, t. 7.

[52] *Hell on Earth*, t. 217.

[53] *Gwaed Gwirion*, t. 122.

[54] R. S. Richardson, 'Introduction to the Reprinted Edition' [2008], *Hell on Earth*, t. xi. Adargraffiad cyfyngedig yn Amgueddfa Ryfel yr Ymerodraeth, Llundain.

[55] Dyfynnwyd yn R. S. Richardson, t. vi.

[56] Dyfynnwyd yn R. S. Richardson, t. vii.

[57] Dyfynnwyd yn R. S. Richardson, tt. vii–viii.

[58] F. H. Hornsey, *Hell on Earth* (*A Personal Record of the Battle of the Lys April 1918*) (Leipzig & Berlin: B. G. Teubner, 1935).

[59] R. S. Richardson, t. xxiii.

[60] Dyfynnwyd yn 'Gwaed Gwirion (II)', t. 220.

[61] Gw. 'Army Recruitment in Gwynedd, 1914-16', MA anghyhoeddedig Prifysgol Cymru, Bangor, 1983. Addaswyd y traethawd yn gyfrol gan yr un awdur, '*I'r Fyddin Fechgyn Gwalia!' Recriwtio i'r Fyddin yng Ngogledd-Orllewin Cymru 1914–1916* a'i chyhoeddi gan Wasg Carreg Gwalch yng Ngorffennaf 2014.

[62] 'Amryw o Arfon, Mon, a Meirion', *Y Dinesydd Cymreig* (8 Medi 1915).

[63] 'Llanberis', *Y Dinesydd Cymreig* (8 Medi 1915).

[64] 'Llythyr o'r Dardanelles', *Y Llan* (24 Rhagfyr 1915).

[65] 'Llythyr Dyddorol o Faes y Frwydr', Y Llan (12 Tachwedd 1915).

[66] Ceir manylion am fan claddu'r ddau mewn cofnod ar ffurf *microfiche* gan Gymdeithas Hanes Teuluoedd Gwynedd, *Arysgrifau Cerrig Coffa Eglwys Sant Peris, Nant Peris, Llanberis, Arfon* (1986), y cedwir copi ohono yn Archifdy Gwynedd, Caernarfon.

[67] Gw. y cofnod am ei farwolaeth dan golofn newyddion Llanberis yn *Caernarvon and Denbigh Herald*, 31 Mai 1957.

[68] Gw. *Caernarvon and Denbigh Herald*, 8 Ebrill 1966 a 15 Ebrill 1966.

[69] Ian Watt, *The Rise of the Novel* (1957) (arg. Llundain: The Hogarth Press, 1987), t. 13.

[70] Islwyn Ffowc Elis, dyfynnwyd yn 'Gwobr yr Academi i nofel gan athro'.

[71] 'Rhyfel 'Rhen Sarjant', t. 12.

[72] *Geiriadur Prifysgol Cymru: Cyfrol II* (Caerdydd: Gwasg Prifysgol Cymru, 1968–1987), t. 2153.

[73] *Gwaed Gwirion*, t. 5.

[74] 'Y Bardd Cwsc', yn R. Geraint Gruffydd (gol.), *Meistri'r Canrifoedd: ysgrifau ar hanes llenyddiaeth Gymraeg gan Saunders Lewis* (Caerdydd: Gwasg Prifysgol Cymru, 1973), t. 210.

[75] Dyfynnwyd yn Gwyn Thomas, *Y Bardd Cwsg a'i Gefndir* (Caerdydd: Gwasg Prifysgol Cymru, 1971), t. 232.

[76] Gw. Derec Llwyd Morgan, 'Charles Edwards', yn Geraint Bowen, *Y Traddodiad Rhyddiaith* (Llandysul: Gwasg Gomer, 1970), t. 221: 'gwnaeth Edwards le parhaol iddo fe'i hun ymhlith clasuron llenyddiaeth Gymraeg'. Bedwyr Lewis Jones, 'Theophilus Evans', *Y Traddodiad Rhyddiaith*, t. 275: '[E]i feistrolaeth ar yr arddull epigaidd glasurol . . . yw rhagoriaeth ac arbenigrwydd Theophilus Evans ymhlith awduron ein clasuron rhyddiaith ni.'

Nodyn Golygyddol

Awgrymodd Saunders Lewis wrth adolygu *Gwaed Gwirion* yn 1966 fod *Un Nos Ola Leuad* Caradog Prichard, a gyhoeddwyd gyntaf yn 1961, yn 'batrwm' i Emyr Jones 'o'r modd y gellir nofel gref mewn tafodiaith, ac i'r nofel feistraidd honno ddysgu llawer iddo'. Wrth fodelu'r mynegiant ar yr iaith lafar – nid yn unig y ddeialog ond y naratif hefyd – roedd y ddau awdur yn mentro ac yn arloesi yn y Gymraeg. Ond roedden nhw hefyd yn cynnig dwy ffordd wahanol o fynd o'i chwmpas hi. Ffordd Caradog Prichard sy fwyaf hyf ar normau Cymraeg llenyddol yn yr ystyr nad yw'n defnyddio fawr ddim ar sillgollau i ddynodi ffurfiau fel 'slo bach', 'rhaffa' neu 'o'i go'. O gymharu, mae Emyr Jones (neu ei olygydd) yn llawer mwy pedantig wrth arwyddo'r hyn a ollyngir, e.e. 'be", ''i gilydd' a 'gynna". Ers y 1960au, a hynny i raddau helaeth dan ddylanwad testunau fel *Un Nos Ola Leuad* a *Gwaed Gwirion*, mae'r iaith lenyddol wedi ei llacio ac wedi closio'n nes o lawer at ffurfiau'r iaith lafar. Wrth edrych ar ryddiaith Wil Sam, Eirug Wyn neu Robin Llywelyn, gall y ffordd a ddewisodd Emyr Jones i gofnodi ffurfiau ymddangos bellach braidd yn llafurus a gorofalus. Daliwyd ar y cyfle, felly, yn yr argraffiad hwn i gael gwared â llawer o'r sillgollau a frithai'r argraffiad cyntaf; bron nad yw ffurfiau fel 'roedd' a 'doedd' wedi hen ymsefydlu fel ffurfiau derbyniol a chydnabyddedig mewn trafodaethau academaidd heb sôn am ryddiaith greadigol. Ond gan fod ysgrifennu darn o waith estynedig mewn tafodiaith yn ddisgyblaeth mor llym, yn anorfod ceir llithriadau ac anghysonderau o bryd i'w gilydd rhwng rhai ffurfiau yn yr argraffiad cyntaf, e.e. ceir 'ista' ac 'eista', 'gwybod' a 'gwbod', 'cyrraedd' a 'cyrra'dd', 'deall' a 'dallt', 'disgwyl' a 'disgw'l', 'llygaid' a 'll'gada', a'r ddwy ffurf weithiau ar yr un dudalen. Yn achos enghreifftiau felly, rhag ymyrryd yn ormodol â'r testun gwreiddiol, penderfynwyd eu gadael yn eu ffurf wreiddiol.

Rhagair

I bawb a fu'n darllen neu'n gwrando hanes profiadau'r milwyr yn y ffosydd yn ystod y Rhyfel Byd Cyntaf daeth enwau fel y Somme, Verdun, Vimy Ridge a Ypres yn gyfystyr â thywallt gwaed a marwolaeth.

Gwylio a gwrando'r gyfres *The Great War* a deledwyd gan y BBC yn ddiweddar a ddug ar gof i mi lawer o straeon a glywais yn y chwarel erstalwm gan hen filwr a adwaenid gan bawb fel ''Rhen Sarjant'. Bu ei brofiadau ef wrth gwrs yn brofiad i filoedd eraill a fu drwy uffern y ffosydd yn y gyflafan honno. Ceisiais osod ei straeon ar batrwm cyfrol gyffelyb a ddarllenais rywdro, flynyddoedd yn ôl, o dan y teitl *Hell on Earth*, os cofiaf yn iawn.

'Dyn llnau caban' oedd 'Rhen Sarjant. Ei enw priodol oedd Daniel Roberts; dwylath o ddyn, syth fel brwynen, gwallt cringoch a mwstás pigfain fel cyrn tarw, a'i lygaid glas caredig yn awgrymu fod ei feddwl ymhell bell i ffwrdd. Trowsus *khaki* a wisgai bob amser – roedd ganddo stôr ohonynt gartref, medda fo, gan y gwyddai ymhle i gael digon am y nesaf peth i ddim. Ar dywydd glawog gwisgai bâr o bwtîs wedi'u rhwymo'n dynn am ei goesau.

Wedi ei ryddhau o'r fyddin ar fymryn o bensiwn cawsai ddod yn ôl i'r chwarel, ond yr oedd tynnu'r graig a rhaffu yn ormod o dasg iddo. Ni allai ddal ati o ddiffyg gwynt gan fod y nwy gwenwynig a anadlodd yn Ffrainc wedi andwyo ei ysgyfaint. Pan godai ei botyn at ei enau crynai nes colli'r te dros ei law, ac wrth lenwi'r ffowntans collai lawer o ddŵr ar y stôf boeth gan beri hisian ffyrnig, a phrin y gellid gweld 'Rhen Sarjant yn sefyll yn ddigyffro yng nghanol cwmwl o stêm gwyn. Eto, er gwaethaf effeithiau'r *shellshock*, byddai'r caban bob amser yn lân a threfnus, a'r ddwy stôf wedi cochi gan wres cyn caniad bob bore. Câi orffwys yn y prynhawn ar ôl clirio'r byrddau, a chymerai gyntun ar y fainc â'i sach dros ei war. Hen sowldiwr i'r carn ydoedd, a *khaki* yn ei waed. Ymlfachïai yn hyn, ond nid oedd yn un a glodforai ryfel. Adroddai ei straeon yn wylaidd a diymffrost, a'i fwrdwn fyddai, 'Uffarn o le o'dd y ffosydd, a gobeithio na welwn ni ddim byd tebyg byth eto' . . . Gadawn iddo ef ei hun adrodd ei stori.

EMYR JONES
Betws-yn-Rhos, Abergele
1965

Llandeyff N

20 Beautiful Peacock Pictures

sowmya

beautiful super

Asifa afridi

Subhan Allah.v.prety bird and an

sumayya

soooooooo beautiful oooooooooo pics:)

harshitha.t.n

1

Yn Calais roeddan ni, yn disgwyl ordors i symud i fyny
i'r ffrynt. Roeddan ni wedi cael reiffls newydd sbon a
digon o *ammo* a toedd neb i symud o'r camp. Mi ddoth
yr ordors drwodd tua naw o'r gloch ryw fora, a chyn
pen hannar awr roeddan ni i gyd ar parêd. Wedi i bawb
ateb ei enw i ffwrdd â ni ar unwaith – martsio drwy'r dre
i'r stesion a chael ein byndlo i drycia gwartheg. Ro'dd
yr hen beiriant yn tuchan a thagu a ninna'n symud fel
malwan, ond o'r diwadd mi ddeuthon i ben y daith
mewn rhyw bentra bach yng nghanol y wlad. Wedyn mi
fuo'n rhaid i ni fartsio tua phum milltir nes dŵad i ryw
hen feudy a hannar ei do wedi'i chwythu i ffwrdd.
Y noson honno roeddan ni'n medru cl'wad yn hawdd
sŵn y gynnau'n tanio ar y ffrynt.

Ben bora drannoeth mi gychwynnodd rhyw gant
ohonon ni hefo un o'r offisars i chwilio am ein bataliwn
ni, a oedd i fod i fyny'r ffrynt yn rhywla'n disgwyl
amdanon ni. Duw a ŵyr pa mor bell y daru i ni drampio
– milltiroedd ar filltiroedd – a cholli'r ffordd sawl gwaith.
Mi ddoth yn nos a ninna heb ddod o hyd i'r fataliwn ac
wedi cael llond 'n bolia ar grwydro. Roedd sŵn y tanio'n
llawer nes erbyn hyn. Toc, mi ddeuthon i bentra arall
ac roeddan ni'n meddwl yn siŵr y basa rhai o'n bataliwn
ni yno'n rhywla. Ond na, roeddan nhw wedi 'madal y

bora hwnna, a wydda neb i ble. Mi gawson ar ddeall 'n bod ni'n rhywla yng nghyffinia Armentières – 'ta bwys am hynny, dŵad o hyd i'r lleill oedd yn bwysig i ni er mwyn cael bwyd. Doedd dim amdani felly ond pwyso mlaen drwy'r tywyllwch nes i ni o'r diwadd gyrraedd lle o'r enw Erquingham. Mi ellwch feddwl mor falch oeddan ni o gael ista i lawr am sbel a chael tipyn o win i'w yfad.

Roedd Erquingham yn llawn o sowldiwrs, ond er i ni holi a holi doedd neb yn gwybod dim o hanas 'n bataliwn ni – na neb yn malio chwaith. Ymlaen â ni wedyn filltir ar ôl milltir a'r pacia ar 'n cefna'n mynd yn drymach o hyd. Roedd fy mêt, Meic Lloyd – Cymro o Aberdâr – yn cael helynt hefo'i ben-glin ac yn hercian yn boenus wrth f'ochor. Pan oeddan ni bron rhoi'r ffidil yn y to dyma ryw hannar dwsin o sowldiwrs i'n cyfarfod ni ac mi waeddodd rhywun, 'Welsoch chi olwg o'r 70th yn rhywla?'

'Do,' medda nhw'tha, 'rydan ni newydd 'u pasio nhw rownd y tro 'cw.'

Mi fuo hynny'n dipyn o sbardun i ni, er mai prin roeddan ni'n medru sefyll ar 'n traed. Roedd y 'tro 'cw', oedd yn swnio mor agos, o leia ddwy filltir i ffwrdd. Ond mi ddeuthon o hyd i'r 70th o'r diwadd er 'n bod ni erbyn hyn yn hannar marw.

Wedi rhannu'r parti'n bedwar a deall mai i 'C' Company roeddan ni i fynd, mi euthon i chwilio am y *sergeant major*. Rhyw gwbyn ifanc oedd hwn, ond chwara teg iddo fo, mi wna'th 'i ora. Roeddan ni fel bleiddiaid ar lwgu – yn barod i sglaffio unrhyw beth.

Mi syrthiodd pob gwep pan ddeudodd y *sergeant major* fod y rasion am y diwrnod hwnnw wedi'i fyta i gyd. Ond mi addawodd neud 'i ora i gael rhywbeth i ni y diwrnod wedyn.

'Y peth gora fedrwch chi 'i neud rŵan ydi trio cael tipyn o gysgu,' medda fo.

Mi a'th â ni i ryw hen gwt sinc i orffwys dros y nos, ond roedd arnon ni ormod o isio bwyd i fedru cysgu, 'n enwedig ar lawr pridd calad fel concrit a'n pacia dan 'n penna.

Rywbryd tua'r hannar nos dyma Jeri'n dechra gyrru *gas shells* drosodd, ond doedd hynny, erbyn deall, yn ddim byd newydd yn y rhan yma. Roedd fy nghefn i bron torri'n ddau ar y llawr calad; a dyna lle roeddwn i'n meddwl faint faswn i'n medru'i fyta pe cawn i hannar cyfla. Wydda Meic ddim p'run 'ta'i ben-glin 'ta'i stumog oedd yn 'i boeni o fwya.

'Wyddost ti be, bachan,' medda fo, 'mi fedrwn i fyta buwch gyfa fy hun.'

Dal i ddŵad drosodd roedd y siels — rhai ohonyn nhw'n disgyn yn bur agos nes llenwi'r cwt hefo rhyw ogla annifyr fel ogla sent. Wrth lwc, doedd o ddim yn ddigon cry i neud fawr o niwad. Yn rhyfadd iawn roedd y blinder fel tasa fo'n cilio rŵan, ond mae'n debyg mai dechra ecseitio roeddwn i. Toc, mi ddechreuodd Jeri gymysgu'r siels — nid *gas* yn unig oedd o'n 'i yrru drosodd rŵan — a phob ryw chydig funuda roedd cawod o *shrapnel* yn t'ranu ar do'r cwt, ac amball un yn tyllu trwy'r sinc. Mi aeth pawb yn reit ddistaw . . . Be nesa?

Fuo raid i ni ddim disgwyl yn hir i gael gwybod, achos mi landiodd un o'r siels o fewn hannar canllath i'r cwt; yna un arall ac un arall nes bod y ddaear yn crynu o danon ni. Dyna lle roeddan ni ar 'n bolia ar y llawr a neb yn cofio'i fod o wedi blino nac isio bwyd. Ffrwydriad arall! – yng nghanol y camp y tro yma. Dynion yn gweiddi ac yn griddfan y tu allan a ninna'n swatio wedi dychryn gormod i symud.

Pan oedd y cynnwrf ar 'i waetha dyma'r *sergeant major* yn rhuthro i mewn.

'Pawb allan ar unwaith!' medda fo ar dop 'i lais, '*Fighting order* – gadewch bopeth arall yn y cwt!'

Mewn chydig eiliada roedd pob enaid ohonon ni allan ac yn rhedag am 'i fywyd gan ddilyn y *sergeant major* i waelod y camp. Yn y fan honno roedd 'na lori fawr wedi dŵad â llwyth o rawia – anfarth o lwyth – miloedd ohonyn nhw. Wedi i bawb gael 'i raw i ffwrdd â ni i'r *ammunition dump*, ac yno mi gawson ni dri chan rownd o Mills *bomb* bob un. Wedyn mi aeth y *sergeant major* â ni i gae ŷd mawr. Wrth fod y wlad mor fflat roeddan ni'n medru gweld dros aceri lawer – miloedd o ddynion yn tyllu i'r ddaear fel cwningod er mwyn cael pwt o ffos i 'mochal ynddi hi. Roedd Jeri'n dal i sielio fel yr andros, ond wrth lwc roedd y rhan fwya ohonyn nhw'n mynd dros 'n penna ni. Yn sydyn, dyma'r *machine guns* yn dechra arni, a'r peth nesa welson ni oedd un o'r corp'rals yn disgyn yn farw hefo bwlat trwy'i ben. Y cr'adur bach – mi ddoth allan ar unwaith â ninna – yn cael 'i ladd felly heb gymaint â gweld *German* o gwbwl.

Doedd gan neb ohonon ni fawr syniad o'r sefyllfa ar y pryd. Beth am y dynion oedd i fod yn dal y lein filltiroedd o'n blaena ni? Mi wawriodd y gwir arnon ni yn y fan! Roedd Jeri wedi torri trwodd yn ystod y nos a ninna wedi cael 'n rhusio yno i drio cau'r bwlch. Roedd 'n lein ni fel rhyw hannar cylch a ninna rywla tua'r canol. Ar y chwith i ni roedd 'na fataliwn arall wedi closio i fyny, a bataliwn o fforinars – *Portuguese* dwi'n meddwl oeddan nhw – ar y dde.

Fuo mi 'rioed mor falch o weld y bora – bora heulog, braf. Roeddwn i wedi mynd i lawr ryw dair troedfadd ne' well, ond mi ddois i ddŵr ac mi fuo'n rhaid i mi roi'r gora iddi a dechra pentyrru tywyrch ar yr ymyl er mwyn cael mwy o gyfar. Roeddan ni rŵan yn medru gweld Jeri'n symud rhyngom ni a'r awyr ar y gorwel.

Mi ddoth y captan – Captain Lee – toc, a'i was wrth ei sawdwl. 'G'newch eich gora, lads,' medda fo. 'Mae'r diawlad wedi torri trwodd, ac mae'n rhaid i ni 'i sticio hi cyhyd ag y gallwn ni.' Pan ddeudon ni wrtho fo 'n bod ni heb fwyd ers deuddydd y cwbwl ddeudodd o oedd, 'Does gin i ddim help am hynny; fedrwn ni neud dim ar hyn o bryd.'

Roedd y *machine guns* wedi ailddechra ar y ddwy ochor a'r bwledi'n chwibanu dros 'n penna ni. Ond mi gerddodd y captan i lawr y lein fel tasa fo'n malio dim ynddyn nhw, a'r hen was wrth 'i gwt o'n cropian ar 'i bedwar fel ci.

Pan oedd hi ar dwyllu mi ddoth 'na air i'n rhybuddio rhag cyffwrdd dŵr o gwbwl gan 'i fod o wedi'i wenwyno hefo'r *gas* oedd yn dŵad drosodd yn ddi-stop. Roedd

Jeri wedi cael y *range* erbyn hyn a llawar o'r siels yn byrstio ar 'n leins ni. Gwaeth fyth, roedd 'na ryw feudan o eroplên yn gollwng goleuada uwch 'n penna ni. Welis i ddim golwg o'r un o'n heroplêns ni. Cyn bo hir roedd heidia ar heidia o Jeris yn dŵad i'r golwg. Mi greda i fod 'no gant ohonyn nhw am bob un ohonon ni.

'Wel,' medda fi wrth Meic, 'rŵan amdani os ydan ni am ddŵad odd' 'ma'n fyw.' Welsoch chi 'rioed y fath danio nes bod pob reiffl a *machine gun* yn chwilboeth. Fel roeddan nhw'n dŵad ymlaen roeddan ninna'n 'u medi nhw i lawr. Ond ymlaen roeddan nhw'n dŵad o hyd fesul llathan.

Erbyn y bora roedd pob un o'n hoffisars ni wedi'i ladd ne'i glwyfo, ond doedd dim posib symud y cr'aduriaid a Jeri mor agos. Yr unig siawns oedd i ni ddal 'n tir tan nos a thrio'u symud nhw'n y twyllwch. Y cwestiwn oedd – faint ohonan ni fydda'n fyw erbyn hynny? Peth arall – am faint y parhâi'r *ammunition*? Dyna'r hen eroplên 'na'n ôl eto – damia hi! Fe drowyd y *machine gun* arni, a channo'dd o reiffls, ond i ffwrdd 'r aeth hi a diflannu y tu ôl i lein Jeri.

Roedd gynna mawr Jeri wedi bod wrthi'n ddi-stop am bedair awr ar ddeg, ond yn sydyn, am ryw reswm, dyma nhw'n stopio. Mi ddoth rhyw ddistawrwydd rhyfadd dros y ffrynt i gyd ac mi glywn ehedydd bach yn canu uwch 'y mhen. Pwy fasa'n meddwl, yntê? Ond hwyrach mai croesawu'r gwanwyn roedd o yng nghanol y sŵn a'r gwaed.

Tua chanol y pnawn dyma'r gynna'n ailddechra, a bron ar unwaith roedd yr heidia diddiwadd yn cau amdanon ni. Cyn pen hannar awr roedd y diawlad *Portuguese* wedi rhedag am 'u bywyda a'n gadal ni i gymryd 'n siawns. Roedd pob munud yn cyfri rŵan a'r fatl yn 'i hantarth. Er i ni ladd cannoedd roeddan nhw fel tasan nhw mynd yn fwy o nifar o hyd – a ninna'n mynd yn llai.

O'r diwadd mi ddoth i ben arnon ni. 'Wyt ti'n barod?' medda fi wrth Meic. 'Rydw i'n mynd i' gneud hi am y tŷ ffarm 'cw y tu ôl i ni.' Doeddwn i mo'r unig un i gael y syniad hwnnw. Cyn gynted ag y neidiodd Meic a finna o'r twll mi wnaeth ugeinia eraill yr un peth – pawb yn rhedag nerth 'u traed a'u penna i lawr heb feiddio edrach yn ôl. Mi aeth un bwlat trw' 'mhotal ddŵr i nes bod hynny o ddŵr oedd ynddi hi'n rhedag i lawr 'y nghoesa i. Mi drois fy mhen am eiliad i edrach welwn i Meic. Roedd y cr'adur yn dal i hercian y tu ôl i mi ac un llaw ar 'i ben-glin.

'Tyrd yn dy flaen – rhed fel y diawl!' medda fi, gan floeddio cyn uched ag y medrwn i er mwyn iddo fo 'nghlywad i; ond mi welwn mai prin y medra fo sefyll heb sôn am redag. Mi gipies y reiffl o'i law o a deud wrth fo am ddal 'i afa'l yn 'y melt i. Roedd dynion yn syrthio ar y dde a'r chwith – a chanllath arall rhyngon ni a'r ffarm; ond mi gyrhaeddon yno rywsut – diolch i Dduw.

Dim ond adfeilion oedd yn weddill o'r tŷ, ond roedd yn dda cael cysgod y walia. Rhyw ddyrnad yn unig a lwyddodd i gyrraedd yno. Mi gymris gip frysiog trw' dwll yn y wal a gweld y ddaear wedi'i gorchuddio – y rhan fwya'n feirw a'r gweddill wedi'u clwyfo. 'N hogia ni oedd pob un ohonyn nhw. Ymhellach yn ôl wedyn roedd y wlad fel tasa hi'n llawn o Jeris, ac ymlaen roeddan nhw'n dŵad. Roedd y sielio mor ffyrnig ag erioed ac roedd yn amlwg mai bwriad Jeri oedd malurio'r ffordd roeddan ni'n nelu amdani.

Doedd wiw i ni aros funud yn hwy. Wedi helpu Meic i godi ar 'i draed dyma gychwyn ar draws yr iard. Yn y gongol bella roedd 'na griw o wartheg yn sefyll a golwg ofnus, hurt arnyn nhw, a phedair ne' bump arall yn gorwadd yn farw rhyngon ni a'r giât. Mi fuo'n rhaid i ni ddringo dros y giât – fedra neb ei hagor hi gan fod 'na hannar ceffyl yn 'i blocio hi 'rochor arall. Cyn pen chydig funuda roeddan ni'n mynd drw'r camp, ond doedd 'na ddim golwg o'r hen gwt sinc. Roedd popeth yn wastad â'r llawr. Yr unig obaith am ddihangfa bellach oedd medru cyrraedd y ffordd fawr, ac roedd pawb yn sylweddoli hynny wrth redag strim-stram-strellach i'w chyfeiriad hi.

Wedi cyrraedd y ffordd doedd petha fawr gwell. Roedd tylla anferth ym mhobman lle'r oedd y siels wedi disgyn, a phawb hefo'r un syniad nes bod y ffordd wedi tagu hefo pobol – sowldiwrs a *civvies*. Rydw i'n cofio gweld teulu o Ffrancod – tad a mam a dwy o genod bach – yn cerddad yn araf i lawr y ffordd; y fam yn twysu dwy fuwch a'r tad yn gwthio rhyw fath o gert â chyfar drosto fo. Roedd gan un enath fach fabi dol o dan 'i chesa'l, a'r ddwy yn cario basged a dau ne' dri o fwndeli bychain. Doeddan nhw i'w gweld yn malio dim yn y siels ac roedd golwg wag, syfrdan ar 'u hwyneba fel roeddan nhw'n mynd – mynd i rywla heb wybod i ble.

Roeddan nhw wedi colli'r cwbwl. Yn y cert, o dan y cyfar, roedd corff eu merch hynaf – wedi'i lladd pan drawyd eu cartre gan siel y bora hwnnw.

Gydag ymyl y ffordd roedd 'na ffos a hannar 'i llond o ddŵr. Mi euthon ni'n syth iddi hi – roedd hynny'n well na stopio bwlat. Amball dro roeddan ni at 'n glinia mewn dŵr, a thro arall at 'n canol. Ond roeddan ni'n mynd o gyrra'dd y *machine guns* – diolch i'r nefoedd am hynny.

'Mhen hir a hwyr mi ddeuthon i bentra Erquingham. Yr un oedd y stori yma eto – adfeilion ac anhrefn ym mhobman. Roedd to'r *estaminet* wedi'i chwythu i ffwrdd. Serch hynny, roedd y lle'n llawn o sowldiwrs ac yn 'u plith nhw amryw o'n hogia ni. Cyn gyntad ag y gwelson nhw ni dyma nhw'n gweiddi:

'Digon o ddiod yn y fan yma, lads – yfwch o i gyd i'r diawl!' Mi ges afa'l ar dair potal chwart o siampên ac mi rois un ym mhob pocad, ac agor y drydadd. Dyna'r tro cynta i mi brofi siampên. Yno y buo ni am sbel yn llyncu gymaint fyth. Rydw i'n siŵr i Meic a finna rhyngddon yfad rhywla o gwmpas hannar galwyn. Mi fasach yn meddwl – ac roeddan ninna'n meddwl hefyd – y basa yfad felly ar stumog wag yn 'n meddwi ni'n chwil, ond 'na'th o ddim.

Ymlaen â ni wedyn. Roedd y lle yma 'mhell o fod yn iach. Wedi tramp o ryw hannar milltir ne' well dyma ni'n cl'wad cythral o ecsplosion, ac erbyn edrach mi welson fod y Royal Engineers wedi chwythu i fyny'r bont oedd yn croesi'r *canal* o'n blaena ni. Mi 'ddylis i 'radeg honno 'i bod hi wedi canu arnon ni. Pan ddeuthon ni at lan y dŵr mi welson ddillad a reiffls a phob math o geriach hyd lawr ym mhobman, ac roeddan ni'n gwbod wedyn mai'r unig ffordd i groesi oedd 'i nofio hi. Yma ac acw hyd ochor y *canal* roedd dynion yn gorwadd ar stretsiars – wedi'u cario cyn bellad ag oedd bosib ac yna'u gadal i gymryd 'u siawns. Roeddan ni'n sylweddoli erbyn hyn mai ni oedd y rhai dwaetha un, a synnwn i ddim nad oeddan ni wedi'n gadal ar ôl o bwrpas i drio dal Jeri'n ôl am awr ne' ddwy. A deud y gwir, tydw i ddim yn meddwl i neb ddisgwyl 'n gweld ni'n fyw wedyn.

Yn is i lawr, i gyfeiriad lle'r oedd y bont roedd amryw o ddynion yn nofio'n y twyllwch, ac amryw eraill wedi boddi yn yr ymdrach. Damio'n ddistaw roedd Meic – sut y medra fo nofio o gwbwl â'i ben-glin yn stiff fel procar? Tra roeddan ni'n trio cysidro beth oedd ora i'w neud, dyma ni'n cl'wad *machine gun* yn dechra tanio y tu ôl i ni, a hynny'n golygu bod Jeri wedi cyrradd y pentra. Mi setlodd hynny'r mater: os boddi – wel, boddi amdani. Os oedd yn well gin rywun arall aros ar ôl i gael bwlat trw'i ben – wel, 'i fusnas o oedd hynny.

Wedi lluchio'r *gas mask* a rhyw dacla felly o'r neilltu, a thynhau'r reiffl ar fy nghefn, i mewn i'r dŵr â fi, a Meic yn dilyn wrth fy nghwt. Roeddan ni'n dau yn nofiwrs go dda wrth lwc, ne' i ganlyn y dŵr y basan ni wedi mynd, achos roedd 'na li reit gry ar y pryd. Doedd y ddwy botal siampên ddim yn help i mi chwaith, ond doeddwn i ddim isio colli rheiny os medrwn i beidio. Roeddan ni'n dau wedi ffagio'n lân erbyn i ni gael 'n traed odanon unwaith eto, a phrin roedd gynnon ni'r nerth i grafangu i'r lan yr ochor arall.

2

ROEDD HI'N *full retreat* arnon ni, pawb drosto'i hun, a Jeri ar 'n sodla ni. Ond doedd hyn yn ddim ond dechra. Roeddan ni'n wlyb fel dyfrgwn wrth gwrs a'n dannadd yn clecian yn 'i gilydd gan yr oerni.

'Wel, Meic,' medda fi, 'rhaid i ni symud i rywla o'r fan yma.'

'Rhaid,' medda fo, 'tasa'r blydi pen-glin 'ma'n stwytho dipyn.'

Dyma ddechra cerddad wedyn nes dŵad i ryw ffordd oedd yn arwain i – Duw a ŵyr ble. Doeddan ni ddim yn gwbod, nac yn malio chwaith erbyn hyn. Mi droiodd y dynion o'n blaena ni i'r dde – ac mi neuthon ninna 'run peth. Roedd y sielio wedi stopio, ond roeddan ni'n dal i gl'wad y *machine gun* y tu ôl i ni. Sut bynnag, roedd yn rhaid i ni gael dillad sych o rywla, a doedd dim amdani ond ysbeilio'r marw er mwyn y byw. Mi es at y corff nesa ar fin y ffordd a'i droi o drosodd, ond roedd golwg rhy ofnadwy arno fo, a gormod o waed ar y dillad. Mi gawson afa'l ar gôt sych a siwmpar bob un, a fuon ni fawr o dro'n tynnu'n crysa a rhoi'r siwmpar yn nesa at 'n crwyn o dan y gôt. Wedyn mi helpon 'n hunain i *gas mask* a stoc o *ammo*. Fydda'r cr'aduriaid oedd yn gorwadd yn y fan honno byth 'u heisio nhw. Wrth i ni droi un ohonyn nhw drosodd cyn rhoi côt

wlyb drosto fo mi ddigwyddon weld darn o dorth yn
gwthio allan o'i bac o. Dyna'r bara mwya blasus fyton
ni 'rioed.

Ailgychwyn eto a thrampio, trampio mlaen nes dŵad
i ffordd fawr. Welsoch chi 'rioed y fath gymysgfa o
sowldiwrs o bob catrawd a bataliwn dan haul, debygswn
i. 'Mhen ryw hannar awr mi ddeuthon i fan lle'r oedd
pawb wedi hel at 'i gilydd i drio gneud rhyw fath o
drefn. Roedd 'no ganno'dd yn gorwadd ar draws 'i gilydd
ar y ffordd – pawb â'i gŵyn, pawb â'i benyd. Doedd
neb yn gwbod am be roeddan ni'n disgwl, ond mi aeth
si ar led y bydda'r rasions yn dŵad i fyny'n go fuan.

'Os na ddôn nhw cyn nos,' medda Meic, 'fydda i
ddim isio rasions na dim arall.'

I neud petha'n waeth mi ddechreuodd smwcian bwrw
– rhyw hen law mân, oer.

Rhaid 'mod i wedi dechra cysgu, achos y peth nesa
glywis i oedd sŵn ceffyla'n carlamu tuag aton ni. Pan
godis i ar f'ista mi welwn ddau geffyl yn tynnu tri ne'
bedwar o limbars ac yn stopio gyferbyn â ni. Diolch i'r
nefoedd! – rasions o'r diwadd! Ia, faint a fynnon ni – o
ammunition a Lewis *guns*. Mi ddechreuodd ryw offisar
weiddi arnon ni i frysio.

'Helpwch eich hunan,' medda fo. 'Mi fyddwch 'u
heisio cyn bo hir!' Mi waeddodd rhywun yn ôl, 'Beth
am dipyn o fwyd?' a'r atab gafodd o oedd, 'Dwn i ddim
byd am fwyd, ond mi wn i'ch bod chi'n lwcus
ddiawledig i ga'l digon o *ammo*.'

Wedi iddyn nhw fynd mi syrthion i hepian drachefn.
Felly y buon ni drw'r nos – cysgu plwc yn 'n dillad tamp

a deffro bob hyn a hyn yn oer a stiff, a bron marw o isio bwyd. Gyda'i bod hi wedi g'leuo mi ddoth 'na offisar i'r golwg o rywla a rhoi ordors i drichant ne' bedwar ohonon ni i'w ddilyn o. Mi a'th â ni ar draws caea lawar nes dŵad i gob ffordd haearn – ffordd sengl. Roedd y cob tua phum troedfadd o uchder, ac amball lwyn o helyg yn tyfu ar 'i ochor o. Buan iawn y cawson ni ar ddallt mai'n busnas ni oedd dal y lein waeth faint y gost, a doedd raid i neb ddeud wrthon ni fod yno ymladd enbyd wedi bod y diwrnod cynt. Roedd y cyrff i'w gweld ym mhobman, a hogia ifanc iawn oedd y rhan fwya ohonyn nhw.

Rywdro'n ystod y nos mi ddoth y rasions i fyny – torth fechan rhwng pedwar, a llwyad o jam bob un. Mi gymrodd ryw ddau funud iddyn nhw i fynd o'r golwg. Roedd 'no faint a fynnid o rawia o gwmpas ac mi ddechreuon dyrchu i mewn i ochor y cob yn go agos i'r top rhag i ni ddŵad i ddŵr. Gyda'n bod ni wedi dechra dyma ddewis wyth – Meic a finna'n 'u plith – i fynd hefo un o'r corp'rals i sgowtio dipyn yn nes i'r ffrynt. Mi 'drychodd Meic a finna ar 'n gilydd – pam *ni*? Mi ddalltodd y corp'ral ar 'n hwyneba ni na toeddan ni ddim yn ffansïo'r job.

"Dawn ni ddim ymhell,' medda fo, 'dim ond ryw chwartar milltir at y tŷ ffarm 'cw.' Dyma gychwyn, ac yna chwalu allan yn raddol nes bod rhyw ugian llath rhyngddon ni. Wedyn roeddan ni i glosio at 'n gilydd a chau am y tŷ o bob cyfeiriad. Er bod mwg yn dod o'r simdda roeddan ni'n gwbod o'r gora nad oedd neb yn byw yno. Hwyrach fod y lle'n llawn o Jeris, ac am ddim a wyddan nad oedd 'u gynna nhw arnon ni bob cam o'r ffordd.

Wedi i ni ddŵad yn ddigon agos mi welson bâr o geffyla wedi'u bachu wrth wagan a honno wedi'i llwytho hefo dodrefn a dillad gwely. Roedd hi wedi'i bacio'n glòs at ddrws y cefn. Pan nodiodd y corp'ral mi ruthron ni i mewn gyda'n gilydd ac yn syth i'r gegin. Yno mi welson ddyn a dwy ddynas â'u cotia amdanyn yn barod i gychwyn. Roedd y dyn fel cath ar frics, ac mi driodd wthio heibio i ni fel tasa fo ar frys ofnadwy, ond mi gydiodd y corp'ral yn 'i golar o a dechra'i holi o gora medra fo heb fedru'r iaith. Fuo fo fawr o dro'n deall, fodd bynnag, achos mi ddechreuodd wichian a gweiddi yn Saesnag, 'Halliman – he gone miles away!'

Ond doeddan ni ddim wedi'n bodloni. Pam roedd arnyn nhw gymaint o'n hofn ni pryd y dylsan nhw fod yn falch o'n gweld ni? A pham y brys mawr i 'madal? Roedd 'na ddrwg yn y caws yn rhywla.

Mi droiodd y corp'ral ar y ddwy ddynas wedyn a deud wrthyn nhw am neud coffi i ni. Doeddan nhw 'mond yn rhy falch o gael gneud unrhyw beth i'n plesio ni, ac mewn chydig funuda roedd pob cwpan yn y lle yn llawn o goffi poeth, a ll'gada'r tri'n gofyn, 'Gawn ni fynd rŵan?' O'r diwadd, er braidd yn anfodlon, mi ddeudodd y corp'ral, 'Waeth iddyn nhw gael mynd na pheidio – mae'n siŵr ma *Froggies* ydyn nhw.' Do'dd dim isio deud ddwywaith; roedd y tri ar y wagan mewn chwinciad ac yn carlamu i ffwrdd. Yna mi welson ni'n camgymeriad. Yn lle troi i'r chwith, fel roeddan ni'n disgwl iddyn nhw neud, dyma nhw'n nelu'n syth am leins Jeri.

Mi ddeuthon ni i ddallt yn ddiweddarach mai *Germans* oeddan nhw – wedi dŵad allan fel *spies*.

Wedi iddyn nhw fynd o'r golwg mi benderfynon ni fynd yn ôl i'r gegin i edrach oedd 'na chwanag o goffi yn y pot a rhywbath gwerth 'i fyta. Fel roeddan ni'n mynd i mewn dyma ni'n clywad sŵn griddfan yn dŵad o'r stafall nesa.

'Mae 'na rywbath od yn mynd ymlaen yn y blydi lle yma,' medda Meic dan 'i wynt. Roedd yn rhaid ffeindio allan, ac i mewn â ni – gryn hannar dwsin hefo'n gilydd – â'n reiffls wedi'u cocio'n barod. Stafall go fechan oedd hi, a gwely mawr yn llenwi mwy na'i hannar hi. Yn y gwely roedd dyn, noeth o'i wasg i fyny, a thwll bwlat i'w weld yn ei fraich chwith a'r gwaed wedi ceulo o'i gwmpas o. Roedd golwg y bedd ar 'i wynab o.

'You Halliman, yes?' medda'r corp'ral dan glosio at erchwyn y gwely.

'No! no!' medda fo'n gynhyrfus, 'no Halliman me – me Froggy?' Mi dreion ni holi chwanag arno fo, ond doedd o ddim yn 'n deall ni – ne' toedd o ddim isio deall – a'r cwbwl fedran ni 'i gael allan ohono fo oedd, 'Me no Halliman – me Froggy,' drosodd a throsodd. 'Olreit 'ta,' medda'r corp'ral, 'os fel'na ma hi mi awn ni â fo hefo ni nes ffeindio allan – i fyny â fo, bois.'

Dyma fynd ati i dynnu'r gwely odd'wrth y wal, ac mi aeth Meic a finna rownd i'r ochor arall er mwyn cael gafa'l iawn ynddo fo. Be ddyliech chi oedd ar y llawr wrth y wal? Siwt *German* – siwt offisar. Mi a'th 'i wynab o'n bob lliw pan drodd pawb i edrach arno fo, a neb yn deud gair. Y corp'ral dorrodd y distawrwydd.

'Tynnwch o allan, hogia,' medda fo.

Cyn gynted ag y gafaelon ni yn'o fo dyma fo'n dechra strancio a dal yn 'n herbyn ni, a chyn i ni sylweddoli beth oedd yn digwydd dyma ffroen rifolfar i'r golwg dros ymyl y blancad a bwlat yn chwibanu heibio'n penna ni ac yn 'mgladdu yn y wal. Dyna'i setlo hi. Cyn iddo fo gael cyfla i danio ergyd arall mi gododd y corp'ral 'i reiffl at 'i ysgwydd a'i saethu o trwy'i fennydd.

'Nid pawb sy'n cael y fraint o farw mewn gwely y dyddia yma,' medda fo. 'Mi awn ni allan, hogia – uffarn o le ydi hwn.'

Cyn gynted â'n bod ni allan yn yr iard dyma ni'n cl'wad sŵn *machine gun* yn tanio o gyfeiriad y cob. Yr eiliad nesa roedd cawod o fwledi'n plastro'r tŷ, a ninna'n gwbod bod y diawlad *spies* rheini wedi gneud 'u job. Gora'n y byd po gynta, rŵan, i ni hel 'n traed yn ôl at y gweddill.

Fel roeddan ni'n cropian trw' ryw gae bach lle roedd dega o'n hogia ni'n gorwadd yn farw mi ddoth 'na ryw deimlad anifeilaidd drosta i, ac ro'n i'n falch 'n bod ni wedi lladd yr hen dinllach Jeri offisar hwnnw. 'Mi ladda i bob pen sgwâr ohonyn nhw ddaw i nghyrra'dd i,' medda fi wrthaf f'hun.

Dal i danio roedd y *machine gun* – roedd y criw'n benderfynol o'n ca'l ni, ac yn 'n dilyn ni o gae i gae. Wrth lwc, roedd y tir yn weddol isal, ac roedd hynny'n help mawr i ni. Dim ond un cae arall oedd rhyngddon ni a'r ffordd haearn. Mi euthon allan o'n ffordd gryn dipyn er mwyn cael cysgod y gwrych, ac wedi cropian a llusgo ar 'n bolia am hydoedd mi lwyddon i gyrra'dd yr ochor arall. Roeddan ni'n gwbod o'r gora mai'n problem fwya ni oedd ffeindio sut i groesi'r ffordd haearn heb stopio bwlat. Yna, er syndod i ni, am ryw reswm ne'i gilydd, mi stopiodd y tanio'n sydyn. Roeddan ni wedi dŵad i ddallt dipyn ar dricia Jeri erbyn hyn a doeddan ni ddim am gymryd 'n twyllo ar chwara bach. Mi benderfynon gadw i lawr am sbel i ddisgwl a cha'l 'n gwynt aton. Yno y buon ni am ddeng munud ne' well, a phobman yn dawal. Tybad 'i fod o wedi'n rhoi ni i fyny? Dyna oedd yn mynd trw'n meddylia ni.

Toc, mi gododd y corp'ral ar 'i gwrcwd yn ara deg. 'Rŵan amdani!' medda fo. 'Pan ddeuda i "Reit!" mi awn ni i gyd drosodd hefo'n gilydd.'

'Reit!' Mewn chwinciad roeddan ni i gyd ar 'n traed ac yn llamu dros y rêls. Ond er mor sydyn oeddan ni mi gafodd ddau ohonon ni – y corp'ral ac un arall. Fe drawyd y corp'ral gynta'i fod o ar 'i draed, ond roedd y bachgan arall bron wedi croesi drosodd. Mi ddringon ni'n ôl i'r top a llwyddo i ga'l gafa'l yn'o fo a'i lusgo i lawr i'n canlyn – ond roedd hi'n rhy hwyr. Cyn bellad ag roedd y corp'ral yn y cwestiwn – doedd gynnon ni ddim dewis.

Pan gyrhaeddodd y chwech ohonon ni'n ôl at y lleill doedd neb isio clywad 'n stori ni. Roedd gan bawb 'i stori'i hun. Y syndod mwya iddyn nhw oedd i ni ddŵad yn ôl o gwbwl.

Ar wahân i danio dipyn ar y *machine gun* a gyrru eroplên ne' ddwy drosodd i fusnesu, go dawal fuo Jeri am weddill y dydd. Doedd hynny ddim yn arwydd da o gwbwl yn ôl yr hen sowldiwrs oedd wedi dŵad drosodd ymhell o'n blaena ni ac wedi gweld llawar. Roedd yr hen dawelwch rhyfadd 'ma'n dechra deud ar 'n nerfa ni, ac roeddan ni'n methu'n lân â deall beth oedd yn dal Jeri'n ôl. Tasa fo 'mond yn gwbod na doedd 'na fawr ddim i'w rwystro fo yn y rhan yma o'r ffrynt mi fasa wedi medru torri trwodd fel cyllall trw' fenyn, ac am wn i na fasa'r rhyfal ar ben.

Pan oedd hi ar dwllu mi gawson ordors fod pawb i aros yn 'i unfan a bod ar 'i wyliadwriaeth drw'r nos. Mi faswn yn rhoi unrhyw beth am ga'l rhoi 'mhen i lawr a chysgu, ond feiddiwn i ddim. Bob hyn a hyn roedd Jeri'n gyrru goleuada llachar drosodd nes goleuo'r wlad o'n cwmpas. Golygfa ofnadwy oedd honno – cyrff meirw ym mhobman a'r Verey *lights* yn disgleirio ar 'u hwyneba nhw. Roedd peth felly'n gyrru ias i lawr 'y nghefn i. Welis i 'rioed noson mor hir â'r noson honno – roedd hi fel tragwyddoldab. Fuo arna'i 'rioed fwy o sychad chwaith – roedd fy ngwefla i'n cracio.

Tuag wyth o'r gloch y bora mi ddoth 'na ryw chydig o rasions i fyny, ond dim dafn o ddŵr. Beth oeddan ni i'w neud? Roedd hi ar ben arnon ni rŵan. Ein hunig obaith oedd y dŵr lleidiog yng ngwaelod y tylla siels, ac roedd dau ne' dri o gyrff yn gorwadd ym mhob un ohonyn nhw. Ond doedd dim arall amdani. Roedd o'n waeth na'r wermod, ond mi oerodd dipyn bach ar 'y nhafod i. Mi ellwch feddwl bod golwg fel tramps arnon ni erbyn hyn hefo'n dillad yn fwd i gyd a'r botyma wedi troi'n dduon. Heb siêf ers diwrnodia, roedd pawb wedi tyfu barf, ac wrth fod Meic o bryd tywyll naturiol roedd o'n dangos yn waeth, a fedrwn i ddim peidio â gwenu wrth edrach arno fo.

'Meic,' medda fi, 'rwyt ti'n edrach fel blydi Arab.'

Doeddwn i, fel tipyn o gochyn, ddim yn edrach mor ddrwg.

At ganol dydd mi ddechreuodd y *machine guns* glepian unwaith eto, ac mi ddoth 'na chydig o siels drosodd.

'Rydan ni i mewn amdani hi heddiw,' medda fi, 'mi gawson ddiwrnod rhy dawal ddoe.'

Gyda 'mod i wedi deud hyn dyma ni'n gweld eroplên Jeri yn 'hedag yn isal i'n cyfeiriad ni, ac fel roedd hi'n dŵad yn nes yn dechra tanio i'n canol ni. Roedd hyn yn arwydd sicir i ni o be oedd yn mynd i ddigwydd nesa. Dyna ffordd Jeri bob amser o flaen 'mosodiad mawr. Pan drois i 'mhen i edrych i gyfeiriad leins Jeri mi welwn linall hir ohonyn nhw'n dŵad i ganlyn y gwrych â'u penna i lawr. Y funud nesa roedd 'n Lewis *gun* ni'n 'u medi nhw i lawr, a channo'dd o reiffls yn tanio hefo'i gilydd. Erbyn hyn roedd 'na filoedd o Jeris wedi dŵad i'r golwg. Welach chi ddim byd arall – roeddan nhw fel chwain ym mhobman. Doedd dim rhaid i ni nelu o gwbwl, dim ond dal i danio'n syth o'n blaena – fedran ni ddim methu. Ond er i ni fod wrthi fel lladd nadro'dd doeddan ni fawr nes i'r lan, achos fel roedd y rhai blaena'n disgyn roedd 'na filoedd eraill yn dŵad ymlaen i gymryd 'u lle nhw ac yn baglu dros y cyrff. Ond ymlaen roeddan nhw'n dŵad. Yng nghanol y tanio i gyd dyma'r eroplên yn ôl eto, ac roedd hi'n ddigon isal y tro yma i ni fedru gweld wynab y peilot. Am chydig eiliada, nes a'th hi'n rhy bell, mi daniodd y Lewis *gun* a pheth wmbrath o reiffls arni hi. Mi a'th yn 'i blaen led cae ne' ddau, ac yna mi gwelwn hi'n troi ar 'i hochor ac yn plymio'n wenfflam i'r ddaear rhyngddon ni a leins Jeri.

Roedd yn amlwg i hyn gynddeiriogi'r Jeris, achos mi euthon ati o ddifri i sielio'n fileinach nag erioed a gneud andros o hafog arnon ni. Doedd wiw i ni ddangos 'n penna dros y top – roeddan nhw'n disgwl amdanon ni bob tro. Rhwng y sielio a'r *machine guns* roeddan ni'n colli dynion yn ddychrynllyd, a'r sefyllfa'n mynd yn fwy anobeithiol bob munud.

'Waeth i ni heb ddim,' medda Meic. 'Rydw i wedi ca'l llond 'y mol a waeth gin i tasa bwlat yn mynd trwydda i rŵan a'i darfod hi.'

Felly roeddwn inna'n teimlo hefyd, ond ddeudis i ddim wrtho fo. Mi wyddwn o'r gora 'n bod ni wedi colli tua hannar 'n dynion erbyn hyn, a bellach doedd dim ond y cob rhyngddon ni a Jeri. I neud petha'n waeth mi ddechreuon daflu *hand bombs* drosodd a doedd dim posib osgoi rheini. Doeddwn i ddim ond yn disgwl 'u gweld nhw'n dŵad yn 'u canno'dd dros y cob unrhyw funud. Mi ddigwyddis droi 'mhen i'r dde am eiliad ac mi welwn chydig o'n hogia ni oedd yn dal yn fyw yn 'i heglu hi i lawr y lein. Doeddan ninna ddim yn mynd i aros funud yn hwy.

'Ar 'u hola nhw, Meic!' medda fi.

Ffwrdd â ni fel llygod, ac eraill yn 'n dilyn ninna. Tasa Jeri wedi digwydd dŵad drosodd y munuda rheini mi fasa ar ben arnon ni, ond ma'n rhaid na ddaru o ddim sylweddoli 'n bod ni wedi mynd. Wedi rhedag hannar milltir ne' ragor roeddan ni'n barod i ddisgyn i'r llawr. Ond mi welson goedwig o'n blaena ni ac mi gododd hynny ryw gymaint ar 'n c'lonna ni. Doedd dim golwg bod Jeri yn 'n dilyn ni – roedd o'n dal i saethu'r meirw dros y cob.

O'r diwadd mi lwyddon i gyrradd y coed. Wedi stagro a baglu trw' ddrain, a rhwygo'n dillad mewn weiar bigog, mi ddeuthon allan yr ochor arall, ac ymlaen wedyn i ganlyn rhyw wrych. Roedd Meic yn llusgo y tu ôl i mi.

'Fedra i fynd fawr pellach,' medda fo, 'prin y medra i blygu'r hen ben-glin 'ma. Dos di . . .'

Mi rhegis i o, a deud bod yn rhaid iddo fo neud mwy o ymdrach. Roeddwn i'n deud hynny a minna'n gwbod fod y cr'adur yn gneud 'i ora. Dim ond amball i siel oedd yn dŵad drosodd cyn bellad â ni rŵan, a phan welson ni dŷ ffarm dipyn o belltar i ffwrdd mi benderfynon 'i bod hi'n weddol ddiogal i ni groesi cae agorad er mwyn cyrra'dd yno'n go sydyn, ac i arbad tipyn ar goes Meic.

Wrth nesu at y tŷ mi welson fod y drws yn agorad, ac wedi mynd i mewn mi welson fod popeth arall yn agorad hefyd – pob cwpwrdd, drôr a photal – ac yn wag. Pan oeddan ni ar fin mynd allan gan ddamio mi ddigwyddis weld pot bychan, siâp crochan ar y grât. Erbyn gweld, roedd 'na ryw chydig o stiw yn y gwaelod a chaenan seimlyd ar 'i wynab o fel tasa fo wedi bod yn sefyll ers dyddia. Doedd 'i ogla fo ddim mor ddrwg; felly mi rois fy llaw i mewn a chodi'r lympia cig hefo 'mysadd. Mi wnath Meic 'run peth, ac wedyn mi yfon y gwlych rhyngon. Roedd o'n flasus iawn − biti na fasa 'na gymint deirgwaith ohono fo.

Wedi gadal y tŷ a cherddad ymlaen am sbel mi ddeuthon i olwg y ffordd fawr − ffordd lydan, wastad yn 'mestyn am filltiroedd. Roedd hi'n llawn o ddynion yn ffoi am 'u bywyda. Dyna *retreat* oedd honno! Suffolks, Staffs, Royal Rifles, Duke of Wellingtons − roeddan nhw yno i gyd ar draws 'i gilydd yn Generals, Brigadiers, Cyrnols a phopeth arall, heb sôn am y cerbyda ambiwlans, y limbars a'r gwagenni. Roedd y ffordd wedi 'i thagu'n lân a phawb yn symud i'r un cyfeiriad i ganlyn y lli. Bob ryw chydig lathenni roedd dynion wedi 'u clwyfo 'n gorwadd ar fin y ffordd ac yn galw allan am help, ond pawb drosto'i hun oedd hi − os na fedrach chi gerddad roeddach chi'n ca'l ych gadal ar ôl i Jeri ofalu amdanoch chi.

Mi ddechreuodd dwyllu toc, ond doedd hynny'n gneud dim gwahaniaeth i ni. Tasa un o'r siels yn disgyn yn 'n hymyl ni − ac mi wydda Jeri o'r gora 'n bod ni ar y ffordd honno − mi fasa wedi darfod arnon ni, wrth gwrs. Fasa dim ots gin Meic, medda fo, tasa hynny'n digwydd.

'Rydw i wedi ca'l mwy na llond 'y mol, a tydw i'n mynd ddim pellach,' medda fo, ac mi ollyngodd 'i hun yn swp ar ochor y ffordd. Mi wnes i 'ngora i'w berswadio fo, ond roedd o'n benderfynol. Mi dries 'i godi o ar 'i draed, ond symuda fo ddim. Roedd yr amsar yn brin, a'r bobol ar y ffordd yn teneuo'n raddol − arwydd 'n bod ni rŵan yng nghynffon y *retreat* ymysg y straglars. Dal yn bengalad fel mul roedd Meic er i mi fygwth 'i adal o a phopeth.

'Dos di yn fy flaen, Dan,' medda fo, 'ond saetha fi cyn i ti fynd – well gin i i ti neud hynny na'r blydi Jeris.'

Mi ddois i'r casgliad 'i fod o'n wael iawn ne'n dechra drysu, ac ro'n i mewn tipyn o bicil. Os na fasan ni'n symud ymlaen yn reit sydyn mi fasa Jeri ar 'n cefna ni; ond sut bynnag y doi hi doeddwn i ddim am adal Meic yn y fan honno. Yna mi ddoth 'na ryw gythral i mi, ac mi drois arno fo.

'Yldi, Meic,' medda fi'n chwyrn, gan godi fy reiffl yn wastad â'i ben o, 'os nad wyt ti'n dŵad y munud yma rydw i'n dy saethu di . . . Rŵan, am y tro dwaetha – wyt ti'n dŵad?'

'Nac ydw,' medda fo. 'Rydw i wedi deud wrthat ti am f'saethu i ac arbad dy hun.'

Wyddwn i ddim be i'w neud. Roedd pawb fedra symud wedi diflannu i'r tywyllwch erbyn hyn, a dim i'w glywad ond griddfan ac ochneidia'r rhai oedd wedi 'u clwyfo a sŵn y gwynt ym mriga'r coed. Mi benderfynis roi un cynnig arall.

'Meic,' medda fi'n ddistaw yn 'i glust o, 'meddwl am dy wraig . . . a dy hogan bach.'

Mi roth hynny sgytiad iddo fo, ac mi ddoth 'na ryw 'leuni ffres i'w lygad o.

'Ia, 'ntê,' medda fo, a rhyw fymryn o wên ar 'i wefusa. 'Roeddwn i wedi anghofio amdanyn nhw . . . Damia'r *Germans*! Chân nhw mo'na i am dipyn eto . . . helpa fi ar 'y nhraed.'

Fel ro'n i'n 'i godi o i fyny mi syrthiodd 'i reiffl o ar

lawr ac mi codis o i fyny a'i roi dros f'ysgwydd hefo f'un fy hun. Yna mi rois f'ysgwydd arall dan 'i gesa'l o ac mi ddechreuon lusgo i ffwrdd yn ara deg. Ni oedd y rhai dwaetha un.

Dwn i ddim am ba hyd y buon ni'n trampio ym mherfadd y nos, heb syniad i ble roeddan ni'n mynd na be i'w ddisgwl nesa. Roeddan ni ar goll, a'r cwbwl a wyddan ni i sicrwydd oedd 'n bod ni'n rhywla yn Ffrainc. 'Mhen hir a hwyr mi ddeuthon i ryw bentra, ond doedd 'na'r un enaid i'w weld yn unman, a llawar o'r tai wedi'u chwalu i'r llawr. Mi ddeuthon i dŷ go fawr yn sefyll ar 'i ben 'i hun a llain o dir o'i gwmpas o, a chan fod 'na do arno fo mi benderfynon fynd i mewn i aros tan y bora. Roedd hi'n dywyll fel bol buwch y tu mewn a ninna heb yr un fatsen, felly mi orweddon i lawr i ddisgwl iddi 'leuo. Cyn pen pum munud roedd Meic yn chwyrnu o'i hochor hi, ac roeddwn inna ar fin cysgu pan glywis i sŵn traed y tu allan. Y peth cynta ddoth i 'meddwl i oedd – Jeri! Ond wedyn mi wyddwn fod hwnnw rai milltiroedd yn ôl. Mi sefais fel delw am funud i gysidro be fydda ora i mi 'i neud – cadw'n ddistaw ynta'i daclo fo. Mi gydies yn fy reiffl ac mi es cyn ddistawed ac y medrwn i at y drws i wrando a syllu allan i'r tywyllwch. Roedd 'y nghalon i'n curo fel gordd fel roedd y sŵn traed yn dŵad yn nes, nes o hyd i lawr y ffordd. Toc, mi welwn siâp yn y tywyllwch. Ar 'i ben 'i hun roedd o, pwy bynnag oedd o. Mi welwn hefyd fod gynno fo gadach gwyn wedi'i lapio rownd 'i ben. Pan oedd o ryw ddecllath i ffwrdd dyma fi'n gweiddi:

'Halt! Who goes there?'

Mi stopiodd yn stond.

'Duke of Wellington,' medda fo. 'What mob are you, mate?'

Roedd hynny'n ddigon i mi wbod ma Sgotsman oedd o. Mi ddechreuodd holi bob math o gwestiyna – 'Ble rydan ni? O ble y deuthoch chi? Ble ma'r lleill?' Ond doedd o ddim callach o f'holi i. Mi ddeudis wrtho fo 'n bod ni'n aros yn y tŷ tan y bora a bod croeso iddo fynta ddŵad i mewn os leicia fo.

Dal i gysgu roedd Meic, a chwyrnu'n uwch nag erioed. Doedd Jock ddim wedi brifo rhyw lawar – darn o siel oedd wedi'i daro fo'n 'i dalcan a'i syfrdanu o am dipyn. Roedd o wedi bod yn sâl, medda fo, a wydda fo ddim pa ddiwrnod oedd hi na pha mor hir y buo fo'n cysgu ar ochor y ffordd – mae'n rhaid 'n bod ni wedi'i basio fo'n rhywla. Mi dynnodd baced o sigaréts o'i bocad a rhoi un i mi. Cyn gyntad â'n bod ni wedi tanio mi stopiodd y chwyrnu ac mi gododd Meic ar 'i benelin – wedi ogleuo'r mwg – a chyn pen dim ro'dd ynta'n mygu fel corn simdda. Mi smocion rownd arall. Roedd petha'n altro.

Fel roedd y wawr yn torri mi glywson ieir yn clegar a cheiliogod yn canu yn rhywla yng nghefn y tŷ. Pan ddoth hi'n ddigon gola mi chwilion y tŷ i gyd, ond doedd 'na ddim tamad o fwyd yn unlla. Roedd rhywun wedi cael y blaen arnon ni eto. Mi euthon i lawr y ffordd i browla drw' rai o'r tai eraill, ond y cwbwl gawson ni oedd tipyn o fara a hwnnw wedi sychu'n galad. Yn ôl â ni i ga'l golwg ar yr ieir. Roedd 'na ryw hannar dwsin ohonyn nhw a rheini cyn hynad â'r diawl, a dau geiliog nad oeddan nhw'n ddim ond plu a choesa – ond 'u dal nhw oedd y gamp. Mi luchion ni dipyn o'r bara sych i drio'u temtio nhw'n nes, ond roeddan nhw'n rhy wyllt o lawar. Wel, doedd gynnon ni ddim amsar i chwara mig hefo nhw: mi gododd Meic 'i reiffl a nelu at y ceiliog 'gosa ato fo a'i saethu drw'i wddw. Mi ddychrynodd y lleill, a'r eiliad nesa roeddan nhw'n fflio am 'u bywyda dros y gwrych. Mi daniodd Meic eilwaith a saethu twll reit trw'r hen iâr oedd yn rhy fusgrall i symud o'i gyrra'dd o.

Y peth nesa oedd cynna tân a berwi dŵr. Mi gymris i un o'r cadeiria a'i malu hi i ddechra'r tân. Roedd 'no ddigon o lo y tu allan. Wedyn mi gymris yr hen iâr ar fy nglin i drio'i phluo hi. Fedrwn i yn fy mwy gael hwyl arni hi – roedd y croen yn dŵad i ganlyn y plu bob gafa'l, ac mi fasa wedi bod yn llai o job 'i blingo hi. Roedd Meic yn cael yr un draffarth hefo'r ceiliog ac yn 'i alw fo'n bob enw wrth bustachu i drio cael rhyw drefn arno fo. O'r diwadd mi gafodd syniad:

'Os na fedrwn ni blycio'r diawlad mi fedrwn losgi'r plu i ffwrdd.'

Dyna fuo. Mi es allan am funud i edrach faint o fwg oedd yn dŵad drw'r corn. Roedd 'na ormod o lawar, ond doedd mo'r help am hynny. Mi edrychis o 'nghwmpas i edrach welwn i rywun, ond doedd 'na ddim golwg o neb yn unlla, ac mi es i yn ôl at Meic a Jock.

Wedi llnau'r ddau gorpws a'u golchi dan y pwmp yn yr iard roeddan nhw'n edrach yn well o lawar, ond yn llawar rhy heglog i fynd i'r sosban fel roeddan nhw. Mi dorrodd Jock y coesa i ffwrdd hefo'i faionet, ac i mewn â nhw. Er mwyn iddyn nhw ferwi'n go sydyn mi euthon ati i dorri chwanag o gadeira; mi wyddan na fasa coed ddim yn gneud cymint o fwg â glo. Wedyn mi roison deciall bychan wrth ochor y sosban, achos roeddan ni wedi dŵad ar draws tipyn o goffi mewn tun yng nghongol un o'r cypyrdda. Fuo'r teciall fawr o dro'n berwi, ac mi neuthon lond jwg o goffi a'i yfad o heb siwgwr na llefrith. Dew! ro'dd o'n dda.

Fel roeddan ni'n ista wrth y tân i ddisgwl mi ddechreuodd Meic gosi a chrafu'i frest a'i gefn. Cyn pen chydig funuda roedd y tri ohonan ni wrthi â'n holl egni – roeddan ni'n berwi o lau ieir. Mi dynnon 'n cotia a'n siwmpars – doedd gin Meic a finna ddim crysa, wrth gwrs, ac mi euthon yn strêt at y pwmp i 'molchi 'dat 'n gwasg – dau'n 'molchi ar y tro a'r llall yn pympio. Doedd gynnon ni ddim tywal o fath yn y byd, ond gawson afa'l ar ryw hen gadach wedi mynd yn ôl i'r tŷ. Fodd bynnag, mi wnath y dŵr oer dipyn o les i ni a ninna heb 'molchi ers diwrnodia.

Erbyn i ni fynd yn ôl roedd ogla da yn dŵad o'r sosban, a'r caead yn dawnsio i fyny ac i lawr.

'Mi edrycha i ydyn nhw'n barod,' medda Meic.

'Paid â siarad yn wirion,' medda finna, 'tydyn nhw ddim wedi hannar gneud eto.'

Choelia fo mo'na' i – roedd o'n benderfynol o weld drosto'i hun. Mi gododd y caead a sticio'i faionet i mewn i'r sosban. Yr hen iâr ddoth i fyny, ac mi driodd Jock stwffio fforc iddi hi tra roedd Meic yn 'i dal hi, ond plygu wnath y fforc.

'Be amdani hi, Meic?' medda fi, er 'mod i'n gwbod yn iawn. Ddeudodd o ddim byd am funud, dim ond sbio'n ddirmygus arni hi: yna mi gododd gaead y sosban.

'Rydw i'n siŵr bod y diawl yma'n cofio Napoleon,' medda fo, a'i gollwng hi'n ôl i'r sosban at 'i chymar.

Rhwng popeth, roeddan ni bron wedi anghofio am y *Germans*, er bod un ohonon ni'n mynd i'r drws bob rhyw hyn a hyn i sbio i fyny'r ffordd. Ond roedd pobman yn hollol dawal. Dwn i ddim sawl gwaith y codwyd y naill ffowlyn ne'r llall yn ystod y ddwyawr nesa, ond doeddan nhw'n altro dim a ninna'n mynd yn fwy llwglyd o hyd. Toc, mi welwn fod y ddau arall yn dechra hepian yng ngwres y tân, ac mi es allan i bwyso ar y wal am dipyn ac edrach o 'nghwmpas. Yn y fan honno mi ddechreuis feddwl eto am y sefyllfa roeddan ni ynddi hi. 'Wedi'r cwbwl,' medda fi wrtha f'hun, 'yn *no man's land* rydan ni, heb wbod pa mor bell ma'r *British* wedi mynd na pha mor agos ma'r *Germans* wedi dŵad. Gora'n byd po gynta i ni hel 'n traed yn lle gadal i gwpwl o hen ffowls sgyrniog 'n dal ni'n ôl.'

Pan es i'n ôl i'r tŷ roedd y ddau arall yn cysgu'n braf. Cymryd gormod o raff oedd hynny yn 'y marn i, ac mi wnes ddigon o sŵn i' deffro nhw. I ffwrdd â chaead y sosban unwaith eto, ac mi ddeudis i wrthyn nhw mai dyma'r tro dwaetha. Doedd hi ddim yn hawdd deud p'run o'r ddau yn y sosban oedd y c'leta, ond wedi tipyn o strach mi lwyddon i dynnu'r ceiliog oddi wrth 'i gilydd hefo baionet − a rhoi'r iâr yn ôl yn y sosban.

'Go lew oedd y ceiliog,' medda Meic, ond dwn i ddim sut roedd o'n medru deud hynny − fedrwn i neud dim ohono fo, roedd o fel india rybar. Ym marn Jock roedd o'n *lovely*.

Doeddwn i ddim yn dawal fy meddwl o gwbwl, ac mi godis i'r drws i ga'l sbec arall. Mi fuo bron i mi ollwng y coes ceiliog o f'llaw. Roedd Jeri wedi cyrradd y pentra. Mi welwn amryw ohonyn nhw'n mynd i mewn i un o'r tai ar ochor y ffordd. Mewn chwinciad ro'n i'n ôl yn y gegin.

'Ma Jeri y tu allan!' medda fi dan 'y ngwynt.

'O ddifri? Faint ohonyn nhw sy 'na?' medda Meic dan sbio o'i gwmpas i chwilio am 'i reiffl.

'Dwn i ddim,' medda fi, 'ond ma 'na amryw wedi mynd i mewn i'r tŷ lle cawson ni'r bara hwnnw.'

Welsoch chi 'rioed mor fuan roedd y tri reiffl wedi'u llwytho – ac un i fyny'r sbowt yn barod. Wyddan ni ddim yn iawn i ble i droi, ond penderfynu mynd i fyny i'r llofft ddaru ni er mwyn gweld yn well. Mi a'th Meic a finna at ffenast y ffrynt yn ofalus, a Jock i'r cefn. Dim enaid yn unlla. Mi edrychodd Meic arna i fel tasa fo'n f'ama i, ond ro'n i'n ddigon siŵr o 'mhetha.

'Mi 'roswn ni yma am dipyn bach,' medda fi. 'Cadw dy lygad ar y tŷ 'cw.'

Fuo raid i ni ddim disgwl yn hir na welson ni bedwar Jeri'n dŵad allan ac yn 'i gneud hi'n syth i'n cyfeiriad ni. Mi ddoth 'na un arall ar 'u hola nhw, ond mi gadwodd hwnnw dipyn o lathenni y tu ôl i'r pedwar. Roedd Meic yn mynd i danio arnyn nhw.

'Aros funud arall,' medda fi, 'gad iddyn nhw ddŵad dipyn nes.'

'Rydw i wedi aros digon am y cyfla yma,' medda fo.

'Reit 'ta.' Mi danion hefo'n gilydd ac mi syrthiodd dau ohonyn nhw i'r llawr. Dwy ergyd arall – a dau Jeri arall, ond mi ddiflannodd y pumad.

'Ble'r a'th y bastard?' medda Meic, â'i fys yn ysu ar y trigar.

Roedd Joc wedi dŵad aton ni cyn gyntad ag y clywodd o'r saethu, ac roedd o'n meddwl mai yn y ffos ar ochor y ffordd roedd y Jeri'n swatio. Mi benderfynon mai'r peth gora i ni oedd clirio i ffwrdd cyn i chwanag ohonyn nhw gyrradd. I lawr y grisia â ni ac am ddrws y cefn gan feddwl y basa hi'n haws dianc y ffordd honno os oedd Jeri a'i lygad ar ddrws y ffrynt.

Jock oedd y cynta i fynd allan, ond gynta bod 'i droed o dros y rhiniog dyma ergyd o rywla a fynta'n disgyn yn swp i'r ddaear. Mi fedron 'i lusgo fo'n ôl i'r tŷ, ond roedd o wedi mynd, heb yngan gair – wedi 'i saethu trw'i galon. Be oeddan ni i' neud rŵan? Roeddan ni fel llygod mewn trap. Doedd wiw i ni ddangos 'n penna drw'r drws tra roedd y Jeri felltith 'na'n llercian o gwmpas. Roedd yn rhaid cael gwarad â fo rywsut. Mi sbecion drw'r ffenast yn ofalus, ond doedd 'na ddim golwg ohono fo – ro'dd y cythral yn rhy gyfrwys o lawar i ddangos 'i hun.

'Yn y ffos 'na mae o'n siŵr i ti,' medda fi wrth Meic; ac roedd ynta o'r un farn â fi – 'Ble arall y galla fo fod i fedru saethu Jock fel y g'nath o?'

Mi benderfynon fynd i fyny i'r llofft unwaith eto. Yno y buon ni am sbel yn syllu drw'r ffenast i gyfeiriad y ffos. Yna, pan oeddan ni bron wedi blino disgwl, mi feddylies i mi weld symudiad – dim ond y mymryn lleia.

Roedd Meic wedi'i weld o hefyd. Y cwestiwn rŵan oedd sut i neud i'r Jeri ddangos 'i hun. Mi ddoth 'na syniad i 'mhen i – hen syniad atgas oedd o hefyd, ond doedd dim arall i' neud, ac roedd Meic yn cyd-weld pan egluris i be o'dd gin i mewn golwg.

'Dyna'n hunig siawns ni,' medda fo. 'Tra bydd y pen sgwâr yn y ffos 'na 'dawn ni ddim o'r tŷ 'ma'n fyw.'

Y cynllun oedd i mi, gan 'mod i'n digwydd bod yn sicrach o fy marc na Meic, fynd i'r llofft a chadw gwyliadwriaeth fanwl ar y ffos, ac iddo fynta ddal corff Jock i fyny fel 'i fod o'n dangos mymryn y tu allan i'r drws er mwyn trio ca'l Jeri i godi 'i ben am eiliad i nelu ato fo. Syniad cythreulig, ond unwaith eto roedd yn rhaid i'r marw helpu'r byw.

Mi osodon helmet Jock yn ôl ar 'i ben o a'i roi i sefyll yn erbyn y drws a Meic yn 'i ddal o i fyny. Mi roth rhywbath dro'n fy mherfadd i. Wedi i mi osod fy hun wrth ffenast y llofft ro'dd Meic i ddangos pen a sgwydda Jock y tu allan i'r drws. I fyny'r grisia â fi a'r diawl 'i hun yn 'y nghorddi i. Ro'dd hi i fyny i mi rŵan i ga'l y *shot* gynta – doeddwn i ddim am i Jock ga'l 'i faeddu'n waeth er 'i fod o wedi marw. Mi setlis i lawr a chocio fy reiffl a nelu'n union ar y llecyn lle gwelson ni'r symudiad gynna. 'Mhen rhyw funud ne' ddau mi glywn Meic yn symud ac yn galw, 'Rŵan, Dan – w't ti'n barod?'

Ro'n i'n crynu fel deilan ar 'y ngwaetha, ac mi es i lawr ar un lin er mwyn sadio 'nghoesa. Fedrwn i ddim fforddio i fethu. Disgwl sbel a dim yn digwydd. Oedd o wedi mynd i ffwrdd? Ne' wedi mynd i gysgu . . ? Yna, fel ro'n i'n trio dyfalu mi welwn rywbath yn

symud – dipyn yn uwch i fyny na'r tro o'r blaen . . .
dyna fo eto . . . helmet Jeri'n codi'n ara deg. Mi ddalies
'y ngwynt yn hir a meddwl wrtha f'hun – gynta daw 'i
wynab o i'r golwg mi fydd yn 'i cha'l hi. Mi wasgis y
trigar. Symudodd o ddim o'i unfan! Doedd bosib 'mod
i wedi methu? Dyma nelu eto, a thanio. Ond ro'dd o'n
dal yno'n berffaith llonydd.

Mi ddoth Meic i fyny ar ras, a dyna lle roeddan ni'n
dau yn trio dyfalu be o'dd wedi digwydd. Mi danies
ddwywaith ne' dair wedyn – i neud yn saff, ac mi
daniodd Meic hefyd, ond yno ro'dd yr helmet a'r hannar
gwynab o hyd.

'W't ti'n meddwl 'i bod hi'n saff i fynd allan rŵan?'
medda fi.

'Am wn i nag ydi hi,' medda Meic, 'ma fo mor farw
â hoelan iti.'

Mi euthon i lawr i'r gegin a chymryd sbec bach drw'r
ffenast honno wedyn. Dim. Wel, ro'dd yn rhaid i ni fynd
allan rywbryd, felly mi gerddon drw'r drws yn ara deg
ac i lawr i gyfeiriad y ffos a'n reiffls yn 'n dwylo'n barod.
Heibio i gyrff y pedwar Jeri ac ymlaen at yr helmet heb
dynnu'n gynna odd'arni hi. Pan oeddan ni o fewn
chydig droedfeddi iddi mi stopion yn stond. Mi fuo
bron i mi fynd yn sâl. Dyna lle ro'dd y Jeri yn gorwadd
ar 'i fol â'i fys ar drigar 'i reiffl. Roedd golwg
ddychrynllyd ar 'i wynab o – yn waed drosto, a thwll
cymint ag afal yn 'i dalcan o. Dyna lle ro'dd 'n bwledi
ni i gyd wedi mynd. Mi wyddwn wedyn i'r bwlat cynta'i
daro fo rhwng 'i ddwy lygad a'i ladd o yn y fan.
Symudodd o ddim wedyn.

Mi welwn fod 'na rifolfar handi iawn arno fo – roedd gin i flys un ers tro. Roedd Meic isio un hefyd ac mi gafodd ddewis o bedwar pan euthon ni'n ôl heibio i gyrff y lleill – a thorth o fara du 'n y fargan.

'Tyrd yn dy flaen rŵan,' medda fi wrth Meic, 'mi heglwn ni hi odd'ma tra medrwn ni.'

Gyda'n bod ni wedi cychwyn mi gofiodd Meic am yr hen iâr o'dd o wedi 'i gadal ar ôl yn y tŷ. Mi fasa'n dda gin f'enaid i tasa fo wedi 'i hanghofio hi er mwyn i ni ga'l mynd yn 'n blaena, ond gan 'i fod o mor benderfynol doedd dim i'w neud ond mynd yn ôl. Mi euthon i mewn drw'r ffrynt, ac wedi iddo fo ga'l 'i iâr mi euthon allan drw' ddrws y cefn a gweld Jock druan yn gorwadd ar draws y rhiniog. Ond doedd dim amsar i hel meddylia. Roeddwn i'n diolch i'r nefoedd am ga'l mynd o'r tŷ hwnnw – a gora po bella.

3

'Ysgwn i faint ydi hi o'r gloch,' medda fi wrth Meic, fel roeddan ni'n tuthio i lawr y ffordd.

'Dim syniad,' medda fo, 'a fasan ni ddim elwach o ga'l gwbod.'

Roedd pob math o feddylia'n gwibio drw' 'mhen i. Oeddan ni beidio â bod yn rhedag i drap? Oedd Jeri'n ein dilyn ni? O'r diwadd, wedi rhedag a cherddad bob yn ail am hydo'dd mi ddeuthon i olwg nifar o dai, ac fel roeddan ni'n dŵad yn nes mi welson rai o'n hogia ni yn cerddad o gwmpas. Mi roth hynny dipyn o hwb i'r galon.

Wedi cyrradd atyn nhw mi welson nad o'dd yno drefn o fath yn y byd, ac mai cymysgfa o'dd hi yma eto a phawb ar draws 'i gilydd. Welson ni ddim cymint ag un o'n bataliwn ni. Roedd rhai o'r dynion wedi tyllu i'r ddaear, rhai mewn ffosydd ac eraill yng nghanol adfeilion – ble bynnag ro'dd 'na ryw fath o gysgod i'w gael. Mi gerddon ymlaen drw'u canol nhw a neb yn cymryd sylw ohonon ni. O ddilyn y ffordd mi welson 'i bod hi'n fforchi i gyfeiriad rhyw dŷ go fawr – math o blasty am wn i. Dyma'i gneud hi amdano fo – Meic yn cario sgerbwd yr iâr a finna'n cario'r dorth ddu. Mi gawson ar ddallt gin rai o'r hogia 'u bod nhw newydd ga'l ordors i swatio i lawr a chadw o'r golwg gan fod rhywun wedi gweld Jeris yn rhywla dros y caea y bora hwnnw. Pan euthon ni ati hi i holi am offisar er mwyn trio ca'l rasions mi feddyliodd y lleill mai cellwair roeddan ni.

'Rasions?' medda un ohonyn nhw. 'Duw a'ch helpo chi! Mi ddeuthon i fyny'r peth cynta'n y bora – un dorth rhwng pump. Yr unig offisar ydan ni wedi'i weld o gwmpas ydi rhyw ddandi bach hefo un *pip*. Triwch o, a phob lwc ichi.'

Pan gyrhaeddon ni'r iard o flaen y tŷ mi rois y dorth i Meic cyn mynd i mewn i riportio. Y munud hwnnw mi ddoth 'na offisar rownd y gongol reit i'n wyneba ni. Mi saliwtis i o ac mi driodd Meic guddio'r iâr y tu ôl i'w gefn.

'Pam rydach chi'ch dau'n cerddad o gwmpas? Be dach chi isio?' medda fo.

'Newydd ddŵad i mewn, syr,' medda finna. 'Oes 'na siawns am rasions?'

'Nag oes, ma'r cwbwl wedi mynd.' Yna mi welodd yr iâr. 'Dydi hi ddim yn rhy ddrwg arnoch chi, yn nag ydi? Cerwch i mewn nes do' i'n ôl.' Ac yn 'i flaen â fo.

Wedi i ni fynd i mewn i'r tŷ mi welson ryw hannar dwsin o hogia'n ista ar y llawr yn yfad cwrw – wedi dŵad o hyd i gasgan fechan yn rhywla, medda nhw. Yn y gongol ro'dd 'na Lewis *gun* yn sefyll i fyny'n erbyn y wal a llond bocs o *ammo* ar lawr wrth 'i ochor o. Roedd croeso i ni'n helpu'n hunain o'r gasgan, a doedd dim rhyfadd – ro'dd o fel dŵr pwll. Mi gafodd pawb damad o'r iâr a darn bychan o fara du. Doeddan nhw ddim mor ddrwg chwaith. Yn ôl yr hogia ro'dd selar y tŷ'n llawn o winoedd a photeli siampên pan ddeuthon nhw yno gynta, ond pharodd hynny ddim yn hir.

'Wel,' medda Meic gan basio'r iâr i'r bachgan 'gosa ato fo, 'dyna ddiwadd yr hen graduras; mi fuo 'na ddigon o foddar hefo hi.'

Doedd 'na fawr ddim ond esgyrn ar ôl, ond mi gymrodd y bachgan 'i gyllall bocad a mynd ati i' chrafu hi'n lân y tu mewn a'r tu allan.

Ymysg y criw roedd 'na ddau'n perthyn i'r Duke of Wellingtons, ac roeddan nhw'n nabod Jock Duncan yn dda. 'Un o'r rhai nobla,' medda nhw. Roedd o'n arfar chwara *centre forward* i . . . dydw i ddim yn cofio pa dîm ddeudon nhw. Dydi o 'rioed wedi'i ladd? Roeddan nhw'n methu credu'r peth.

'Fydd 'na neb ohonon ni ar ôl pan ddaw'r busnas yma i ben, os na ddaw 'na waredigaeth o rywla,' medda un o'r lleill.

Fedrwn i ddim peidio â meddwl am Jock unwaith eto, a'i weld o'n gorwadd yn swp wrth y drws − a'r *Germans* erbyn hyn wedi cyrradd.

Doedd dim golwg bod yr offisar bach hwnnw'n dŵad yn ôl, ac mi benderfynis fynd allan am swae a gadal Meic yn y tŷ − rhag ofn. Mi sylweddolis fod 'na dir a stoc yn perthyn i'r plasty. Roedd 'na res o gytia moch yn y cefn a phob cwt yn llawn o foch gwynion o wahanol faint, yn berchyll, stôrs a hychod magu − gryn hannar cant, ma'n siŵr, rhwng y cwbwl. Sut gebyst roedd rhein wedi cael llonydd mor dda? Ymhen draw'r rhes, ro'dd 'na sied, ac mi wyddwn odd'wrth y brefu mai lloea oedd yn honno. Pan es i yno mi ruthron at y drws − pedwar ne' bump o'r petha bach clysa welsoch chi – bron llwgu ac yn disgwl i mi'u bwydo nhw, ma'n debyg. Roedd 'no stoc o ffowls gwerth chweil yn cerddad o gwmpas, ac mi sylwis mai ceiliogod ifanc ar 'u prifiant o'dd llawar ohonyn nhw – gwahanol iawn i'r hen gwpwl gwydyn gawson ni o'r lle arall. Mewn cae bychan heb fod ymhell o'r tŷ ro'dd 'na ryw bymthag ne' ragor o wartheg – gwartheg godro – a'u pyrsia bron at 'u traed, heb 'u godro ers dyddia 'nôl pob golwg, a'r llaeth yn diferu o'u tethi nhw. Pechod o beth fasa i ni orfod gadal rhein i gyd ar ôl i Jeri. Mi es i'r tŷ i ddeud yr hanas wrth Meic ac mi ddoth allan hefo fi i ga'l golwg arnyn nhw, ond chydig iawn o sylw gymrodd o o'r moch a'r gwartheg – y ffowls oedd yn apelio ato fo fwya.

Toc, mi euthon yn ôl i'r tŷ i weld be oedd yn digwydd. Roedd y *second lieutenant* hwnnw wedi dŵad yn ôl hefo'r newydd fod Jeri wedi cyrradd y coed oeddan ni'n weld ryw hannar milltir i ffwrdd. Roedd o'n ffurfio'n hannar cylch fel tasa fo'n hwylio i 'mosod. Mi gafodd pawb 'i ordors – Meic a finna a dau arall i fynd i'r cwt mochyn pella'n y rhes i neud tîm o bedwar ar y Lewis *gun*. Doeddwn i'n gwybod y nesa peth i ddim am Lewis *gun* a chydig iawn wydda Meic hefyd, medda fo, ond mi 'llasan gael llawar gwaeth lle na chwt mochyn i dreulio'r noson.

Wedi cyrradd y cwt, y peth cynta i' neud oedd troi'r moch allan, a doedd ganddyn nhw ddim gwrthwynebiad o gwbwl, achos cyn gyntad ag yr agoron ni'r drws roeddan nhw allan fel siot ac yn rhuthro i bob cyfeiriad. Mi euthon i mewn ac mi gnocion dipyn o frics allan o'r

wal oedd yn wynebu Jeri, ac yna mi osodon y Lewis yn
'i le â'i ffroen drw'r twll. Wedyn mi a'th y pedwar
ohonon ni i nôl cowlad o wellt bob un. Roedd y lle'n
edrach yn reit gyfforddus erbyn i ni orffan. Tasa ni'n
ca'l tipyn o rasions rŵan mi fasan yn olreit am y noson.

Gan nad oedd dim i'w neud, a phobman mor dawal
mi a'th Meic ac un o'r lleill allan i edrych be welan nhw,
a gadal y bachgan arall a finna i gadw lwc owt hefo'r gwn.
Pan ddeuthon nhw'n ôl 'mhen ryw hannar awr ro'dd gin
Meic bwcad yn 'i law a honno bron yn llawn o lefrith.

'Dyma chi, lads!' medda fo. 'Faint fynnoch chi o
lefrith cynnas ffres. Ro'dd 'rhen fuwch yn falch iawn o
ga'l 'madal â fo.'

Erbyn i ni ga'l y stori'n iawn ymhellach ymlaen mi
ddallton i Meic dreulio'r rhan fwya o'r hannar awr yn
gwasgu a thynnu'r tethi ac iddo fethu â cha'l diferyn
allan ohoni hi. Roedd 'i fêt o wedi hen arfar ar ffarm,
ac wedi ca'l hwyl fawr wrth wylio'r perfformans. Y cwbwl
wnath hwnnw oedd mynd at yr hen fuwch i siarad hefo
hi ac anwesu tipyn arni hi ac mi ollyngodd 'i llaeth ar
unwaith, a fuo fo ddim ond chydig funuda'n llenwi'r
bwcad. Fedra Meic ddim dallt y peth o gwbwl.

Toc, mi glywson fod rhywfaint o rasions wedi dŵad
i fyny. Mi euthon i'r tŷ a cha'l 'n gyrru o'r fan honno
chydig belltar i lawr y lein at y 'Q' sarjant o'dd yn 'u
dosbarthu nhw. Ro'dd o'n holi pawb fel roeddan nhw'n
dŵad i fyny ato fo:

'Who is it for?'

'Lewis gun team of four at the farm,' medda'r
bachgan oedd yn sefyll o'n blaena ni 'n y ciw.

'Right.'

Mi welson mai un dorth rhwng pedwar o'dd hi i fod. Fy nhwrn i o'dd y nesa.

'Lewis gun team of four at the farm,' medda fi.

'Is it the same team as what's just had it?' medda fo, gan edrach braidd yn amheus arna i.

'No.'

'Alright, here you are.'

Roedd Meic yn sefyll yn y ciw y tu ôl i mi, ac mi wyddwn, wrth gwrs, be o'dd 'i gêm o. I fyny â fo a'i wynab o'n bictiwr o ddiniweidrwydd.

'Lewis gun team of four,' medda fo.

'Where?' – braidd yn chwyrn ro'n i'n meddwl.

'Pigsty.'

'Oh – that's alright then.'

Roeddan ni'n llancia garw'n mynd yn ôl i'r cwt mochyn – dwy dorth, dau lwmp o fargarîn – a digon o lefrith i' golchi nhw'i lawr. Ro'dd y *pigsty team*, chwadal Meic, mewn clofar. Mi benderfynon felly i adal llonydd i'r ffowls am y diwrnod hwnnw.

Pan o'dd hi ar dwyllu mi ddoth 'na air i'n rhybuddio i beidio cerddad o gwmpas ddim rhagor gan fod Jeri i' weld yn bywiogi cryn dipyn ymysg y coed. Roeddan ni i gadw gwyliadwriaeth fanwl drw'r nos – dau ar y tro tra roedd y ddau arall yn cysgu – ac i ddanio byrst o ergydion yn awr ac yn y man. Mi gnocion chwanag o frics o'r wal er mwyn i ni fedru gweld yn well, ac mi flocion y drws i fyny'n dynn hefo gwellt i gadw'r drafft i ffwrdd. Wedi iddi dwyllu'n iawn mi benderfynis roi treial ar y gwn, ac wedi gosod y *pan* yn 'i lle dyma nelu i gyfeiriad y coed a thynnu'r trigar. Roedd y sŵn yn fyddarol wrth fod y cwt mor fychan, a'r gwn yn neidio i fyny ac i lawr ac o ochor i ochor – prin y medrwn i 'i ddal o. Yna mi stopiodd yn sydyn.

'Be sy wedi digwydd iddo fo rŵan?' medda fi wrth Meic.

'Does 'na ddim byd wedi digwydd iddo fo,' medda fynta dan chwerthin, 'chdi sy ddim yn 'i ddallt o. Rw't ti wedi gwagio *pan* gyfa o *ammo*. Nid fel'na rw't ti i fod i danio *machine gun* ond fesul byrst ar y tro; os cari di mlaen fel yna mi fyddi wedi iwsio'r cwbwl cyn pen deng munud.' Mi eglurodd i mi sut roedd o'n gweithio, ac eto roedd o wedi rhoi'r argraff ar yr offisar hwnnw na wydda fo ddim am y gwn.

Wedi ail-lwytho'r gwn mi orweddon i lawr i fyta'n y twyllwch. Ro'dd Jeri'n gyrru pob math o oleuada lliwgar i fyny i'r awyr, ac roeddan nhw'n neis iawn i edrach arnyn nhw. 'Ma gynno fo rywbath i fyny 'i lawas heno,' meddwn i wrth f'hun. Mi sylwais fod llawar o'r goleuada'n dŵad o'r tu ôl i'r coed. Ro'dd y gwn arall – gwn Number One – yn dechra tanio rŵan a'r naill fyrst ar ôl y llall yn sgubo'r tir o'i flaen. Mi daniodd Meic dipyn o rownds hefyd, ac ro'n i'n sylwi 'i fod o'n handlo'r gwn yn well na 'run ohonon ni.

'Mhen sbel mi ddoth yr offisar heibio – isio gwbod pam nad oeddan ni'n tanio'n amlach. Mi atebon ninna nad oedd gynnon ni ddim llawar o *ammunition* i' wastio. Mi bigodd hynny dipyn arno fo.

'I'm not telling you to waste it!' medda fo'n reit flin. 'You had the same number of pans as the others.'

Ddeudodd neb air wedyn, ac mi newidiodd ynta'i dôn. 'Carry on, boys, and do your best,' medda fo, ac i ffwrdd â fo.

'A phaid â dŵad yn ôl,' medda Meic dan 'i wynt. 'Pwy mae o'n feddwl ydio, y corgi diawl?'

Mi ddoth un o griw Number One i fyny i ga'l diod o lefrith o'r bwcad. Roeddan ni wedi yfad tri galwyn ne' well, a chan 'i fod o wedi mynd yn go isal yn y bwcad mi benderfynodd Meic a'r hogyn ffarmwr 'i bod hi'n amsar godro. Mi fuon allan am hydoedd, a phan ddeuthon nhw'n ôl doedd ganddyn nhw ddim ond ryw chwart ne' ddau yng ngwaelod y bwcad. Roeddan nhw wedi ca'l trafferth fawr i ddŵad o hyd i'r hen fuwch yn y twyllwch, ac roedd y lleill i gyd yn rhy aflonydd. Pan ddeuthon nhw o hyd iddi hi o'r diwadd ro'dd hi bron yn hesb. Mi gymris ddiod o'r bwcad; ro'dd o'n llugoer ac yn llawn o fân flewiach a baw godro.

Rywbryd tua'r hannar nos mi ddechreuodd Jeri danio – dim ond *machine guns*, ond roeddan ni'n meddwl y basa'r siels yn siŵr o ddilyn. 'Mhen sbel mi glywn sŵn rhywun yn symud yn y buarth, ac mi ddechreuodd y moch yn y cwt nesa swnian a rhochian – arwydd sicr fod rhywun o gwmpas. Wedi i ni weiddi'r sialens mi ffeindion fod 'na ddau ohonyn nhw – wedi dŵad â chwanag o *ammo* i ni. Mi gymron ni wyth *pan* i'r Lewis a deud wrthyn nhw am fynd â'r gweddill i Number One.

Roedd popeth yn dawal unwaith eto ar wahân i amball wich mochyn o'r drws nesa. Fy nhro i o'dd hi ar y gwn, ac wrth syllu allan drw'r twll yn y wal a chlustfeinio'r un pryd mi dybiwn i mi glywad sŵn rhywun ne' rywbath yn gwthio'i ffordd drw'r gwrych ryw ddeugain llath i'r chwith. Mi wrandis wedyn. Dyna fo eto! a doedd 'run o'n hogia ni i fod allan. Dyna lle roeddwn i'n trio dyfalu. Tybad bod Jeri wedi llwyddo i gropian cyn agosad, a'i fod o'n hwylio i 'mosod ar y tŷ? Ro'dd y gwn yn barod . . . Dyna symudiad eto, ac o graffu mi welwn fel rhyw gysgod rhyngof fi a'r gwrych. Mi dynnis y trigar ac mi ddalies 'y mys arno fo nes gwagio *pan* gyfa i'r llecyn hwnnw. Yna mi ddechreuodd gwn Number One danio – roeddan nhw'tha wedi clywad rhywbath, mae'n rhaid. Roeddan ni'n tri y tu ôl i'r gwn rŵan, a dyma osod *pan* arall arno fo'n reit sydyn. Unwaith eto mi glywson y sŵn, ac o'r un cyfeiriad. Mi gymrodd Meic y gwn y tro yma ac mi daniodd nes plastro'r gwrych hefo bwledi. Cyn gyntad ag y tawodd y gwn mi glywan sŵn roeddan ni'n gynefin iawn â fo erbyn hyn – gwichian a rhochian. Ma'n rhaid mai'r ddwy hen hwch droeson ni allan o'r cwt yn y pnawn oeddan nhw – a ninna wedi wastio dwy *pan* o *ammo* arnyn nhw.

'Mhen rhyw funud ne' ddau mi ddoth 'rhen offisar bach i fyny ar ras wyllt i edrach be o'dd yn digwydd, ac mi roth y ffŵl gwirion ordors i ni fynd i lawr gyda'r gwrych i weld be o'dd yno. Mi a'th Meic a finna i lawr yn ara deg, ac mi welson yn union be oeddan ni'n ddisgwl – dwy hwch farw yng ngwaelod y gwrych. Mi a'th yr offisar i ffwrdd wedyn wedi 'i fodloni.

Mi setlon i lawr unwaith yn rhagor ac mi gawson lonydd go lew weddill y nos – amball i fyrst yn dŵad drosodd, a ninna'n rhoi dau chwech am swllt iddyn nhw

44

bob tro. Fel roedd hi'n dyddhau mi ddechreuodd y ceiliogod ganu, ac yn fuan iawn mi ddoth y gwartheg, y lloea a'r moch i mewn i'r corws – chlywsoch chi 'rioed y fath sŵn. Roeddan ni'n medru diodda'r ffowls a'r gwartheg yn go lew, ond ro'dd gwichian parhaus y moch bron â'n gyrru'n wirion. Yn raddol mi ddoth y coed a'r caea i'r golwg. Roedd gofyn i ni fod ar 'n gwyliadwriaeth rŵan. Fodd bynnag, ddoth 'na 'run Jeri i'r golwg. Wedi iddi 'leuo'n iawn roeddan ni'n medru gweld y ddwy hwch yn gorwadd ar 'u hochra wrth y gwrych.

'R ôl gwylio a disgwl am ryw awr arall mi gododd Meic gan ddeud 'i bod hi'n bryd i lenwi'r bwcad eto, ac er i mi 'i atgoffa fo 'n bod ni ar *stand to* o hyd allan yr a'th o a'r godrwr i'w ganlyn o. Fuon nhw ddim mwy na chwartar awr y tro yma – wedi dŵad o hyd i'r hen fuwch ar 'u hunion a cha'l godriad da. Doedd dim dal ar Meic pan fydda fo o gwmpas 'i betha, ac wedi iddo fo ga'l llond 'i fol o lefrith mi a'th at y twll yn y wal, a dyna lle buo fo am rai munuda'n llygadu'r ddwy hwch – ac mi wyddwn o'r gora be o'dd yn mynd trw'i feddwl o.

'Os na chawn ni nhw ma rhywun arall bownd o'u ca'l nhw,' medda fo.

Jeri, wrth gwrs, oedd y 'rhywun arall'. Mi wyddwn na fydda 'na ddim heddwch yn y cwt mochyn nes iddo fo ga'l 'i ffordd, ac mi ddeudis i yr awn i hefo fo i ga'l golwg arnyn nhw. Mi alwon yn y tŷ wrth basio, a fuo Meic fawr o dro'n ca'l gafa'l ar gyllall gig o'r gegin; yna mlaen â ni'n llechwraidd at y gwrych. Roedd golwg go hyll ar y ddwy hen graduras, yn dylla i gyd.

'Gad iddyn nhw'n lle ma nhw – dydyn nhw ddim ffit,' medda fi.

Chymrodd o ddim arno 'nghlywad i. Mi gododd dipyn ar goes ôl un ohonyn nhw i ddangos nad oedd 'run twll yn y fan honno.

'Dal di'r goes yn llonydd,' medda fo, 'ac mi torra inna hi i ffwrdd – mi neith hon ffîd ardderchog i ni.' Fuo fo ddim yn hir yn torri rownd y morddwyd, ac wedi datgymalu'r asgwrn, i ffwrdd â ni yn ôl i'r tŷ. Yn y gegin mi ddeuthon o hyd i badall ffrio a honno'n hannar llawn o saim. Roedd Meic ar frys i ddechra cwcio a finna'n cloffi rhwng dau feddwl.

'Wyt ti'n meddwl y gallwn ni fentro cynna tân?' medda fi.

'Twt, mi fydd yn olreit – tân bach, a dim glo,' medda fynta gan ddechra torri hen focs *ammunition* o'dd yn y gongol.

Wedi ca'l y tân i fynd yn iawn mi es allan i weld faint o fwg o'dd yn dŵad drw'r corn. Dim bron – diolch i'r nefoedd am hynny. Erbyn i mi fynd yn ôl i'r gegin ro'dd y badall ar y tân a dwy sleisan drwchus o gig moch yn cuddio'i gwaelod hi. Meic o'dd y cwc, a finna'n nyrsio'r tân rhag iddo fo fynd yn rhy isal, ac ar yr un pryd gwylio rhag iddo fo fflamio i fyny a gneud mwg. Sôn am ogla! lond y gegin – roeddan ni'n meddwl 'i fod o'n fendigedig. Toc, mi ddeudodd Meic wrtha i am beidio rhoi chwanag o goed ar y tân gan fod y cig moch bron yn barod. Mi roison dipyn o ddŵr yn y teciall, ac wedi iddo ferwi 'i dywallt o i jwg er mwyn gneud coffi wedi i ni fynd yn ôl i'r cwt.

Mi fasa'n werth i chi weld wyneba'r ddau arall pan welson nhw'r fath sgram o'dd gynnon ni i frecwast.

'Helpwch ych hunain!' medda Meic, gan daflu'r goes iddyn nhw, 'a phiciwch i'r tŷ i'w ffrio fo.'

Mi dorron sleisan fawr bob un a ffwrdd â nhw am y gegin gan 'n gadal ni i fwynhau'n brecwast. Roeddan ni'n rêl byddigions hefo'n cig moch, bara, margarîn a choffi hefo digon o lefrith yn'o fo. Yr unig beth o'dd ar ôl rŵan o'dd smôc i'w gorffan hi. Wedi byta nes roeddan ni bron yn methu symud, mi orweddon i lawr ar y gwellt am dipyn gan i ni fod yn effro y rhan fwya o'r nos. Ma'n rhaid 'n bod ni wedi dechra hepian achos y peth nesa glywson ni o'dd andros o gynnwrf y tu allan a'r ddau arall yn rhuthro i mewn a'r hen offisar bach yn dynn ar 'u sodla nhw. Ro'dd o wedi'u dal nhw'n ffrio cig moch yn y tŷ. Mi 'u damniodd nhw'n ddidrugaredd hefo hynny o wynt o'dd gynno fo'n sbâr:

'Be dach chi'n feddwl dach chi'n neud? Cynna tân! Ble ma'ch sens chi? Gofyn am drwbwl! Mi riportia i chi! A chadwch yn glir o'r tŷ 'na o hyn ymlaen! Pam na fedrwch chi aros yma a gneud ych dyletswydd fel y ddau arall?' – gan bwyntio at Meic a finna. Mi a'th i ffwrdd wedyn i gyfeiriad gwn Number One i chwilio am feia yn y fan honno. Gyda'i fod o wedi mynd mi ddechreuodd Meic chwerthin ac mi ddechreuodd y ddau arall regi a melltithio'r offisar – 'Mi ddown ni ar draws y mwnci yna eto!'

'Hidiwch befo fo, bois,' medda fi, i drio'u cysuro nhw. 'Yfwch y coffi 'ma cyn iddo fo fynd dim oerach – mi gewch well lwc y tro nesa . . . Deudwch i mi – be ddigwyddodd i'r porc?'

'Hy! Mi ddoth yr hen lymbar i mewn i'r tŷ fel dyn o'i go. Mi dywalltodd y dŵr o'r teciall ar ben y tân ac mi gipiodd y badall ffrio a lluchio'r cwbwl drw'r drws – yr hen gythral iddo fo.'

Cyn bo hir ro'dd o'n ôl wrth ddrws y cwt, ond y tro hwn ro'dd 'na gaptan hefo fo.

'Rŵan amdani!' medda fi wrtha f'hun.

Erbyn gweld, fodd bynnag, dŵad rownd i egluro'r sefyllfa ro'dd o, achos mi glywis i'r captan yn deud wrtho fo fel roeddan nhw'n cerddad i ffwrdd, 'I'll see if I can get you some more machine guns.'

Yn sydyn mi ddechreuodd gwn Number One danio. Cyn bellad ag y gallwn i weld doedd 'na ond ryw chydig o Jeris yn symud o gwmpas yn y coed, a buan iawn yr a'th rheini o'r golwg. 'Mhen ryw bum munud mi ddeuthon i'r golwg eto – mwy a mwy ohonyn nhw – ac mi ddechreuon ninna danio, a phob Lewis arall i lawr y lein i'n canlyn ni. Yn ôl pob golwg ro'dd Jeri'n hwylio i symud ymlaen unwaith eto. Yna mi glywson siel yn chwibanu dros 'n penna ni, a dwsina eraill yn 'i dilyn hi, ond wrth lwc ro'dd y rhan fwya ohonyn nhw'n mynd drosodd. Doedd o ddim wedi ca'l 'n *range* ni eto, ond fuo fo ddim yn hir cyn gweld 'i gamgymeriad ac altro petha – a'u gwaethygu nhw i ni. Mi ddisgynnodd 'na un yn agos iawn i'r tŷ ac un arall reit o flaen gwn Number One. Ro'dd hi'n dechra poethi.

'Wel,' medda fi wrth y lleill, 'dim ond gobeithio na

tydi o ddim am gymryd y tŷ a'r adeilada 'ma'n darged, ne' mi rydan ni i mewn amdani.'

Cyn 'mod i wedi gorffan deud dyma ddwy'n landio'n union o flaen y cwt. Mi swation i lawr yn y gwellt a chau'n ll'gada. Y foment nesa mi glywan gawod o bridd a metal yn t'ranu ar do'r cwt, ac ro'dd y *machine guns* yn llawar prysurach hefyd.

Mi a'th un byrst reit drw' ffenast y gegin a'i malu hi'n deilchion, ac yn union wedyn mi welan siel yn taro'r tŷ ac yn mynd â hannar y to i'w chanlyn. Toc, mi welan fagad o Jeris yn 'i gneud hi am y gwrych ar y chwith. Mewn chwinciad ro'dd y Lewis arnyn nhw nes roeddan nhw'n sgatro – welach chi ddim ond lliw 'u tina nhw. Cyhyd ag y gallan ni 'u cadw nhw'n y coed roeddan ni'n olreit, ond roeddan nhw'n benderfynol o gyrradd y gwrych. Mi dreion wedyn, y naill haid ar ôl y llall, ond fel roeddan nhw'n dŵad i'r golwg ro'dd gwn Number One a ninna'n 'u plastro nhw. Doeddan nhw ddim ond yn rhy falch o ga'l 'i heglu hi'n ôl i'r coed, ond roeddan nhw'n gadal llawar ar ôl.

Ro'dd y sielio mor ffyrnig ag erioed. Mi welson un yn taro ffrynt y tŷ ac yn mynd allan drw'r cefn. Doedd 'na ddim ond pentwr o frics a choed ar ôl. Fuo Jeri ddim yn hir nad o'dd o'n barod i roi cynnig arall arni hi, ac unwaith eto mi welan yr heidia llwydion yn dŵad fel wal solat o'r coed. Ro'dd 'na ormod ohonyn nhw i fedru cysgodi ac arbad 'u hunain. Mi ddeuthon ni i sylweddoli rŵan na fedra dau Lewis a rhyw ddyrnad o reiffls byth 'u stopio nhw – mi wydda'r hen offisar bach o'r gora ble ro'dd 'n gwendid ni – ond 'n busnas ni o'dd tanio, a dal i danio nes o'dd y bwlat ola wedi mynd. Dyna neuthon ni, a'r naill *pan* ar ôl y llall yn ca'l 'i gwagio; y nefoedd yn unig a ŵyr faint ladd'son ni y pnawn hwnnw. Drw' ryw wyrth mi lwyddon i'w dal nhw – hwyrach iddyn nhw ga'l yr argraff fod 'na lawar mwy ohonon ni. Fodd bynnag, yn 'u hola'r euthon nhw, ond yn llai o nifar o beth wmbrath na phan gychwynnon nhw.

Er i ni lwyddo i atal Jeri dros dro doedd 'na ddim fedran ni 'i neud i atal 'i siels o. Roeddan nhw'n disgyn ym mhobman o'n cwmpas ni, ond ro'dd Meic yn deud nad o'dd 'n nymbar ni ar yr un ohonyn nhw hyd yma. Y peth nesa welson ni o'dd siel yn disgyn i ganol criw Number One, ac yn union wedyn mi glywson riddfan uchal a rhywun yn gweiddi am help. Anghofia i byth yr olygfa nesa – bachgan o'r Red Cross yn cropian ar 'i bedwar drw' ganol y bwledi i drio cyrradd atyn nhw ac yn rowlio drosodd yn farw cyn cyrradd hannar y ffordd yno. Roedd yr awyr yn dew o fwg a *gas* a'r cwt yn llawn ohono fo nes 'n bod ni'n pesychu a thagu a'n ll'gada ni'n dyfrio fel tasa ni wedi bod yn plicio nionod. Roeddan ni'n bur sicir y basa Jeri'n 'mosod eto tra bydda'r sielio yn 'i antarth. Chawson ni mo'n siomi chwaith. Cyn pen chwartar awr mi ddeuthon allan fel bronwennod o'u tylla gan nelu'n syth am y gwrych unwaith eto. Mi gawson hynny fedra'n Lewis ni 'i roi iddyn nhw, ond doedd un gwn ddim digon; roedd yn chwith i ni am Number One.

Erbyn hyn, wedi'r holl danio, ro'dd yr *ammo* wedi mynd yn isal iawn, ond pan o'dd o ar ddarfod – a ninna

i'w ganlyn o – mi ddoth yr offisar a dau ddyn wrth 'i gwt
o hefo rhagor o *pans*. Mi 'n canmolodd ni – chwara teg
i'r diawl – a deud fod yn rhaid cadw'n gwn ni i fynd sut
bynnag y dôi hi. Roedd gwn Number One *out of action*
medda fo (fel tasan ni ddim yn gwbod!). Ddeudodd o
ddim chwanag wrthan ni ar y pryd – a welwn i ddim bai
arno fo – ond mi ddallton yn ddiweddarach i'r tîm i gyd
ga'l 'u lladd. Y newydd mwya c'lonnog o'dd gynno fo
o'dd fod bataliwn o Guards ar 'u ffordd i fyny i'n helpu
hefo gynna Vickers. Mi ddeudodd wrthan ni am ddal i
neud 'n gora, a ffwrdd â fo i lawr y lein.

4

TUA CHANOL y pnawn mi dawelodd y sielio ryw gymaint, ac roeddan ni'n reit ffyddiog y basan ni'n medru dal 'n tir yng ngola dydd ond i ni beidio rhedag allan o *ammo*. Roedd meddwl am dreulio noson arall yn y fan honno'n codi arswyd arna i.

Yn hollol ddirybudd dyma sŵn byddarol yn torri ar 'n clustia ni. Ro'dd y Guards wedi cyrradd ac yn tanio'u gynna Vickers y tu ôl i ni fel tasa nhw wedi'u meddiannu gan gythreuliaid. Ro'dd y sŵn yn ddychrynllyd, ond ro'dd o fel miwsig ar 'n clustia ni, ac ro'n i'n teimlo fel gweiddi allan ar dop fy llais, 'Sut mae o'n sowndio i ti, Jeri?'

Mi roth hyn gyfla i ni i roi diferyn o oel i'r hen Lewis a gadal iddo fo oeri tipyn. Doedd 'na ddim cymint ag un Jeri i'w weld yn unman, a doedd dim rhyfadd – fasa dim yn medru byw yn y fath ryferthwy. Roedd bwledi'r Vickers yn sgubo'r wlad o'u blaena fel cenllysg o flaen corwynt. Mi ddalion ati heb eiliad o egwyl nes o'dd hi o fewn ryw awr i dwyllu, yna mi euthon i ffwrdd yr un mor ddisymwth ag y deuthon nhw a'n gadal ni i gymryd 'n siawns. Ro'dd 'n gwn ni'n edrach ac yn swnio'n beth tila iawn wedi iddyn nhw fynd.

Mi es allan i edrach o gwmpas dipyn ac mi welis fod 'n dynion ni yn dechra hel 'u traed i lawr y lein. Doedd dim iws i ni aros yno ar 'n penna'n hunain, felly mi es i mewn i alw ar y tri arall. Wedi pigo'r gwn i fyny, a hynny o'dd yn weddill o *ammo*, roeddan ni'n barod i ddilyn y lleill. Ym mhob cwr o'r iard ro'dd anifeiliaid meirw – rhai o'r gwartheg wedi'u chwythu'n sgyrion. Mi redon ar draws dau gae nes dwâd i'r ffordd fawr, a dyna ni'n ôl fel cynt – yr hen olygfa felancolaidd – dynion ym mhobman yn rhedag am 'u bywyda, pawb drosto'i hun. Fel roeddan ni'n cerddad i lawr y ffordd mi basiodd 'na nifar o loris a'u llond nhw o Guards – fedra'r armi ddim fforddio i'w colli nhw os oedd modd 'u harbad nhw. Mlaen â ni, weithia'n cerddad, weithia'n rhedag. Ro'dd y Lewis ar f'ysgwydd yn mynd yn drymach o hyd ac mi gymrodd un o'r lleill o odd'arna i. Roeddwn i'n bwriadu ca'l gwarad â fo pan welwn i le go handi – damia fo.

Mi ffeindion yn bur fuan fod Jeri'n gyfarwydd iawn â'r rhan yma o'r ffordd hefyd, achos mi ddechreuodd y siels ddisgyn o bobtu iddi ac amball un ar 'i chanol hi.

'Diolch i'r nefoedd, mi fydd yn dywyll gyda hyn,' medda fi wrtha f'hun. 'Hwyrach y medrwn ni ddengid i rywla o'r golwg wedyn.' Yn sydyn mi fflachiodd drw' meddwl i 'mod i wedi gadal fy reiffl ar ôl, ond pan drois i rownd mi welwn 'i fod o gin Meic. Doedd dim golwg 'n bod ni'n mynd i ga'l to uwch 'n penna y noson honno, ac mi droison i gae tatws i orwadd i lawr a thrio dadflino cyn mynd dim pellach. Ro'dd y pridd yn llaith ac oer ond mi a'th Meic i gysgu ar 'i union a finna'n 'i gweld hi'n braf arno fo – tasa dim ond i anghofio popeth am awr ne' ddwy. Byr iawn, fodd bynnag, fuo'i gyntun o achos mi ddoth 'na rywrai heibio i rannu *ammunition* i ni. Doedd dim llawar o dempar arno fo wedi'i ddeffro mor fuan ac mor ddiseremoni.

'Pam ddiawl na ddôn nhw â dipyn o fwyd i ni os ydi'n rhaid iddyn nhw'n styrbio ni?' medda fo'n reit bigog.

Ond mi newidiodd 'i dôn yn sydyn iawn pan welodd o sarjant yn dŵad y tu ôl iddyn nhw hefo'r rasion rým. Er mai chydig oedd o ro'dd yn dda iawn 'i ga'l o – mi roth fywyd newydd ynddon ni.

'Eli'r galon!' medda Meic dan lyfu'i wefla. 'Tasan nhw wedi 'mwydo i ar hwn er pan o'n i'n fabi mi faswn yn *field marshal* erbyn heddiw.'

Doedd dim golwg bod rasions bwyd yn dŵad i fyny, felly mi euthon yn ôl i orwadd yn y pridd. Erbyn y bora ro'n i'n rhy stiff i symud ac yn crynu drosta. Ro'dd fy nillad i'n 'lyb ac yn fwd i gyd, a'r dillad isa'n berwi o lau. Ond roeddan ni i gyd yn yr un stad – tasa hynny'n rywfaint o gysur. Trw' gydol y bora ro'dd mwy a mwy o ddynion yn dŵad i'r golwg o rywla, wedi treulio'r nos mewn rhyw dwll ne'i gilydd. Welsoch chi'r fath olwg ar ddynion erioed, yn fwd o'u corun i'w sawdwl a thyfiant wsnos o farf ar 'u hwyneba nhw.

Cyn bo hir mi gawson ordors i leinio i fyny'n rheng ddwbwl ar fin y ffordd. Ni o'dd yr unig griw Lewis *gun* ddoth i'r golwg. Be o'dd wedi digwydd i'r criwia eraill oedd i lawr y lein ddoe? Mi ddallton yn ddiweddarach yn y dydd i ddau ohonyn nhw gyfarfod a'r un dynged â chriw Number One – 'u chwythu i dragwyddoldeb. Roedd dau offisar a dyrna'd o sarjants yn trio gneud rhyw fath o drefn o'r anhrefn. Mi gawson bedair ne' bum *pan* o *ammo* a'n gyrru i fyny'r lein ar y dde gan fod Jeri ar 'n gwartha ni, medda nhw. Roedd llawar iawn yn dibynnu arnon ni a'r Lewis, ac mi gawson ordors i ddal y lein heb ildio modfadd – ac i fod yn gynnil hefo'r *ammunition*.

Fel roeddan ni'n hwylio i gychwyn mi waeddodd rhywun fod Jeri'n dŵad. Pan drois i 'mhen i edrach mi gwelwn nhw – rhyw ugian, mwy ne' lai – yn cerddad yn dalog i'n cyfeiriad ni heb neud unrhyw ymdrach i 'mochal.

'Dyna ryfadd!' medda fi. 'Ysgwn i be 'di'u gêm nhw.'

'Mi gawn weld yn y munud. Sôn am ddiawlad digwilydd!' medda Meic gan droi'r Lewis i'w cyfeiriad nhw a disgwl y gair i danio. Ro'dd yr offisar yn sefyll wrth 'n hochor ni â golwg ddryslyd ar 'i wynab o. Mi 'ddylies i am funud ma carcharorion oeddan nhw'n dŵad i roi 'u hunain i fyny. Hy! Doedd gynnon ni ddim digon o fwyd i ni'n hunain heb sôn am fynd i fwydo prisynars.

'Fire!' medda'r offisar.

Mi daniodd Meic y *pan* i gyd ar un fyrst ac mi a'th llawar ohonyn nhw i lawr fel marblis. Yna mi welson y chydig o'dd ar ôl yn chwifio'u breichia i fyny'n yr awyr fel dynion lloerig. Dyna'r pryd y sylweddolon ni fod 'na gamgymeriad ofnadwy wedi digwydd. *Portuguese* oeddan nhw, a'u siwtia, o bell, yn debyg iawn o ran lliw i siwtia'r Jeris. Does dim amheuaeth na laddwyd llawar ohonyn nhw fel hyn o dro i dro. O dan yr amgylchiada, y peth gora i ni ei neud oedd anghofio'r cwbwl cyn gyntad ag y gallan ni. O fysg y *Portuguese* oedd yn weddill arhosodd yr un ar ôl i'n helpu ni. Mi heglon hi i ffwrdd i chwilio am rywla saffach gan adal y rhai o'dd wedi 'u clwyfo i gymryd 'u siawns yn y fan lle syrthion nhw.

'Mhen dipyn mi ddoth 'na ddau ŵr pwysig − *staff officers* − i fyny ar 'u ceffyla, ac mi wyddan ninna ar unwaith fod 'na rywbath ar dro. Fuon ni ddim yn hir cyn ca'l gwbod 'u negas nhw − roeddan ni'n mynd i 'mosod, ne'n hytrach i wrth 'mosod. Ni'n 'mosod! − ryw chydig ganno'dd ohonon ni − ro'dd y peth yn chwerthinllyd tasa fo heb fod mor ddifrifol. Ond doedd gynnon ni ddim dewis. Wedi'r naill ddiwrnod ar ôl y llall ar y *retreat* ro'dd y syniad o 'mosod yn rhywbath go ddiarth i ni, ond mi wyddan wrth gwrs na fedran ni ddim dal i redag am byth ac fod yn rhaid trio troi'r llanw rywbryd. Toc, mi ddoth 'na drol a cheffyl heibio a llwyth o Mills *bombs* arni hi. Ro'dd 'na dri dyn hefo hi − un yn twsu'r ceffyl a'r ddau arall yn dadlwytho'r bocsus fel roeddan nhw'n mynd ymlaen ar hyd y lein fel y galla pawb helpu 'i hun. Mi gawson 'n hordors − meddiannu'r adeilada o'dd yn union o'n blaena ni tua hannar milltir i ffwrdd. Syml iawn! Roeddan ni'n gweld y Jeris yn blaen − filo'dd ohonyn nhw. Ro'dd hi'n edrach yn anobeithiol arnon ni, a'r syniad yn un gwallgo. Er i'r offisars 'n sicrhau ni fod 'na ganno'dd o ynna Vickers y tu ôl i ni a rhywfaint o siels i'n cyfro ni, fedran nhw na neb arall 'n darbwyllo ni ar y pryd fod gynnon ni siawns o gwbwl i gyrradd yr adeilada, heb sôn am 'u meddiannu nhw. Pan ofynnon ni be oeddan ni i'w neud tasa ni'n methu cyrradd yr adeilada, yr atab gawson ni oedd:

'Then you won't have to worry, will you? Perhaps the next lot will have better luck.'

Ar wahân i fod cyn lleiad o nifar, anfantais ofnadwy o'dd 'n bod ni'n griw mor gymysglyd, wedi'n hel at 'n gilydd fel defaid o sawl bataliwn a neb yn gwbod pwy o'dd pwy. Ro'dd y syrcas – a dyna o'dd hi – i ddechra am ddeng munud union wedi hannar dydd. Un o'r offisars o'dd yn gofalu am y lein i fyny ar y dde, sarjant yn y canol a chorp'ral ar y chwith. Ro'dd llygad yr offisar yn sefydlog ar 'i wats a'n ll'gada ninna arno fo. Dim gair gin neb. Faint o funuda eto? Tri? Dau? Gora po gynta rŵan . . . a'r eiliad nesa dyma sŵn y Vickers yn rhwygo'r awyr y tu ôl i ni a milo'dd o fwledi'n chwibanu dros 'n penna ni – cyfar ardderchog, diolch i'r nefoedd amdano fo. Yr un funud mi welson fod y dynion ar y chwith i ni wedi rhedag ymlaen hannar canllath ne' well a diflannu i bant fel tasa'r ddaear wedi'u llyncu nhw. Yna mi ruthrodd parti arall ymlaen, ac un arall . . . ni oedd y nesa. Mi gydies yn dynn yn y Lewis. 'Rŵan!' – ac ymlaen â ni â'n penna i lawr nes roeddan ni'n lefal â'r lleill, ac yna i lawr ar 'n hwyneba. Ro'dd y parti ar y chwith yn rhuthro mlaen eto – dyna'r drefn. Ond cyn gyntad ag y dangoson nhw'u penna y tro yma mi daniodd *machine guns* Jeri i'w canol nhw ac mi gollon amryw o ddynion. Ymlaen â ni eto a finna'n ca'l traffarth i gadw i fyny â'r lleill wrth fod y Lewis mor drwm. Oni bai am y gynna Vickers mi fasa wedi canu arnon ni, ac iddyn nhw ro'dd y diolch 'n bod ni erbyn hyn bron hannar y ffordd ar draws y tir agorad.

Roeddan ni'n symud ymlaen o hyd bob yn barti ond yn colli dynion am bob llathan oeddan ni'n 'i hennill, a hynny'n gneud bylcha mawr yn 'n rhenga ni. Bylcha ne' beidio doedd gynnon ni ddim dewis rŵan; tasan ni'n troi ar 'n sodla mi fasa Jeri ar 'n cefna ni mewn chwinciad a'r Vickers yn lladd y cwbwl ohonon ni. Ro'dd yn rhaid cyrradd yr adeilada ne' farw ar y ffordd yno. Preifat o'r Suffolks o'dd yn arwain canol y lein rŵan – ro'dd y sarjant wedi 'i ladd. Ro'dd hi fel tasan ni'n mynd trw' ganol uffarn a phawb yn gwbod 'i fod o'n ymladd am 'i fywyd – now or nefar o'dd hi. Ma'n debyg 'n bod ni rywla tua thri chwartar y ffordd drosodd pan welson ni'r Jeris yn troi'n sydyn ac yn 'i sgrialu hi'n ôl. Dyma'n cyfla ni. Mi plastron ni nhw'n ddidrugaredd – tair *pan* gyfa cyn symud o'n hunfan. Roeddan nhw'n mynd i lawr fel pryfaid. Trw' gydol yr amsar ro'dd y Vickers yn dal i danio ac yn gneud llanast dychrynllyd arnyn nhw. Ond y peth pwysica o'dd 'n bod ni'n symud ymlaen. Ro'n i wedi ffagio'n lân erbyn hyn ac yn gobeithio fod y gwaetha drosodd. Fel roeddan ni'n closio at yr adeilada doedd dim posib cerddad heb gamu dros Jeri marw – ne' faglu ar 'i draws o. Ro'dd 'na un Jeri wedi'i glwyfo, ac wedi methu dengid hefo'r lleill a dyna lle roedd o'n eista ar 'i ben ôl yng nghysgod gwal isal ac yn tanio arnon ni. Mi saethodd 'n hoffisar ni trw'i ben cyn i ni fedru gneud dim.

'Aros di'r pen sgwâr diawl,' medda Meic gan dynnu Mills allan o'i fag a'i lluchio dros y wal. Mi roth honno daw arno fo.

Y peth nesa welson ni o'dd parti o Jeris yn dŵad i

fyny tuag aton ni o'r dde – ma'n rhaid 'n bod ni wedi
'u pasio nhw yn rhywla wrth ruthro mlaen. Yn ôl pob
golwg, dŵad i roi 'u hunain i fyny ro'dd rhain.

'Gwatsiwch nhw, hogia,' medda fi, 'fedrwn ni mo'u
trystio nhw. Beth am 'n hoffisar ni'n gorwadd yn farw'n
y fan yna?'

'Lladdwch bob un o'r ffernols!' medda Meic ar
unwaith fel tasa fo'n colli arno'i hun yn lân ac yn ysu
am ga'l dial. Felly y buo hi. Pan oeddan nhw o fewn
rhyw ddeugian llath mi danion ni arnyn nhw i gyd
hefo'n gilydd a'u tyllu nhw hefo'n bwledi. Doedd dim
dal arnon ni. Roeddan ni fel petha lloerig yn meddwl
am ddim ond am ladd a dial. Pan stopion ni danio ro'dd
'na un Jeri – dim ond un – yn dal ar 'i draed ac mi
luchiodd Meic un o'r 'peli bach' ato fo. Mi a'th i fyny'n
gymysg â'r mwg, a welson ni ddim ohono fo wedyn.
I orffan y job yn iawn mi daflodd Meic un arall i'w
canol nhw, 'er mwyn lwc,' medda fo. Roeddan ni
wedi'n meddiannu gan ryw gasinab ffyrnig tuag at
Jeri ac ro'dd ynta'n 'n casáu ninna. Roeddan ni'n
benderfynol o'u lladd nhw bob un er mwyn cyfiawndar,
ac roeddan nhw'tha'n benderfynol o'n lladd ninna bob
un – er mwyn cyfiawndar.

Pan gawson ni'n gwynt aton mi welan luoedd o Jeris
yn y pelltar – y cwbwl ar ffo. Dyna'r tro cynta iddyn
nhw orfod rhedag yn ôl er pan ddechreuon nhw'r
'mosodiad mawr. Be o'dd yn mynd i ddigwydd nesa?
Ffolinab fasa i ni feddwl y basan ni'n medru dal y lle yn
erbyn y fath luoedd wedi iddyn nhw ga'l 'u hunain i
drefn unwaith eto. Tasan ni'n gorfod 'u hwynebu nhw

bedwar yn erbyn un fasa dim llawar o ots gynnon ni, ond pan o'dd 'na gryn ugian ohonyn nhw am bob un ohonon ni ro'dd y peth allan o bob rheswm. Mi ddechreuon chwilota ymysg y meirw i edrach be fasan ni'n 'i ffeindio, ac mi ddoth un o'r hogia ar draws rifolfar tebyg iawn i'r rheini gafodd Meic a finna'n y tŷ ffarm hwnnw. Mewn chydig iawn o amsar ro'dd popeth gwerth 'i gario wedi'i fachu – cyllyll, watsys, arian – er nad oedd gynnon ni fawr syniad o'i werth o, ac mi welis fodrwy aur yn ca'l 'i fforsio odd'ar fys un Jeri. Fy hun, mi sboties wats arddwrn aur ag enw ffyrm o Lundan ar 'i chefn hi, ac mi wyddwn yn syth o ble ro'dd honno wedi dŵad – odd'ar gorff un o'n hogia ni yn rhywla ar y ffrynt. Fel ro'n i'n cymryd y wats mi agorodd gil 'i lygad ac mi roth ryw ochenaid fach wichlyd – ro'dd 'na dylla bwlats yn 'i frest o. Cyn bellad ag roeddwn i'n y cwestiwn doedd dim gwahaniaeth gin i p'run ai byw ai marw o'dd o, ond erbyn ailfeddwl hwyrach y basa'n well iddo fo fod allan o'r ffordd . . .

Fel arfar, meddwl am 'i stumog ro'dd Meic, ac roedd o wedi cael gafa'l ar dorth a rhywbath tebyg i fenyn – saim o ryw fath – mewn tun. Mi steddon i lawr i ga'l tamad, ac mi roison y gweddill yn 'n pocedi. Ro'dd Jeri erbyn hyn wedi mynd yn ddigon pell o'n cyrradd ni a'r hogia'n eista i lawr yma ac acw i orffwys tipyn, ac i synfyfyrio yn y tawelwch. Mor wahanol o'dd hi awr ne' ddwy'n ôl!

'Mhen hir a hwyr mi ddoth gair i lawr y lein – os medrach chi 'i galw hi'n lein rŵan – i ddeud wrthan ni am aros yn lle roeddan ni a chadw gwyliadwriaeth fanwl.

Wedi iddi hi ddechra twyllu roeddan ni i gilio'n ôl i'r fan lle roeddan ni'n y bora gan fod Jeri'n debyg o ddŵad yn ôl yn 'i nerth yn ystod y nos a dim gobaith i ni fedru'i atal o. Tipyn o sens o'r diwadd.

Fel roeddan ni'n gwylio ac yn cerddad yn ôl a blaen rhwng yr adeilada mi glywan sŵn moch yn gwichian yn uchal yn y pelltar – arwydd fod Jeri'n mynd i ga'l ffîd i swpar. A barnu odd'wrth y mwstwr mi 'llasan fod yn lladd cenfaint gyfa o foch. Ro'n i wedi clywad – ac mi ddois i weld drosta f'hun wedyn – fod Jeri'n un garw am borc. Gyda'i bod hi wedi twyllu mi gychwynnon gerdded yn ôl yn gyflym, ond cyn 'n bod ni wedi mynd hannar y ffordd mi glywan sŵn tanio y tu ôl i ni o gyfeiriad yr adeilada roeddan ni newydd 'u gadal. Ro'dd o wedi dŵad yn ôl yn y twyllwch i chwilio amdanon ni, a phetasa ni wedi aros pum munud arall mi fasa wedi'n ca'l ni i gyd. Mi ddalion i gerddad, a doeddwn i ddim ond yn disgwl bwlat yn fy mhen ôl bob cam oeddwn i'n gymryd. Toc, mi drois rownd i ofyn i Meic o'dd o isio help i gario'r Lewis, ond er mawr syndod i mi doedd y gwn ddim gynno fo. Erbyn gweld doedd y *pans* ddim gin y bachgan arall chwaith. Mi 'drychis i'n sobor arnyn nhw.

'Paid ag edrach mor ddifrifol,' medda Meic. 'Doedd o'n dda i ddim i ni, mi dorrodd rhywbath y tu mewn iddo fo ac mi dagodd.'

'Ond ble mae o rŵan?' medda finna. 'Hwyrach y medrwn ni 'i drwsio fo. A beth am y *pans*?'

'Os ydi'n rhaid i ti ga'l gwbod, mi taflis i o i bwll o ddŵr gyda'n bod ni wedi cychwyn yn ôl, ac mi a'th y *pans* i'w ganlyn o – doeddan nhw'tha'n dda i ddim heb y gwn. Doeddat ti ddim yn meddwl 'mod i'n mynd i' gario fo ar draws Ffrainc? Ro'dd y diawl yn pwyso tunnall.'

Wyddwn i ddim be i ddeud. Mewn ffordd roeddwn i'n falch o ga'l gwarad â fo. Wydda neb ond yr offisar 'i fod o gynnon ni ac ro'dd hwnnw wedi marw, felly fydda 'na ddim cwestiyna.

O'r diwadd mi gawson negas o'r cefn – o'r fan honno y bydda'r ordors yn dŵad bob amsar – i ddeud 'n bod ni wedi dŵad yn ôl lawn digon ac i ni setlo i lawr gora medran ni am y noson. Doedd dim siawns am gysgod o fath yn y byd, ac mewn twll siel y buon ni'n lled-orwadd drw'r nos.

5

PAN DDEFFRIS i bora drannoeth wyddwn i ddim i bwy ro'dd 'y nghefn i'n perthyn. Ro'dd fy nhraed i bron yn gignoeth a fy sana'n 'lyb amdanyn nhw ac wedi pydru yn fy sgidia i. A sôn am lau! Mi 'ddylis y basan nhw'n fy myta i'n fyw.

Wedi iddi 'leuo'n iawn mi ddoth rasions i fyny – un dorth rhwng tri y tro yma. Roeddan ni wedi meddwl y basa petha'n well a chymaint wedi'u lladd y diwrnod cynt – torth rhwng dau, hwyrach. Doedd 'na ddim i'w yfad. Roeddan ni wedi anghofio sut flas o'dd ar de. Yr unig ddŵr o fewn 'n cyrra'dd ni o'dd ffrwd fechan yn y cae 'gosa aton ni – ar wahân i'r dŵr lleidiog yng ngwaelod y twll siel. Welson ni ddim golwg o Jeri nes o'dd hi'n hwyr yn y pnawn, ac fel arfar ro'dd 'na beth mwdral ohonyn nhw a ninna'n gofyn i'n gilydd, 'O ble gythral ma nhw'n dŵad i gyd?' Drw' drugaradd mi gawson ordors i syrthio'n ôl eto cyn gyntad ag y bydda hi'n ddigon tywyll i ni fedru gneud hynny heb i Jeri'n gweld ni.

Trampio y buon ni y rhan fwya o'r nos nes deuthon ni i gyffinia Bailleul. Ro'dd hon yn dre go helaeth faswn i'n meddwl. Yn gynnar yn y bora fe yrrwyd chwanag o ddynion aton ni i neud i fyny am y rhai oedd wedi'u lladd. Ro'dd tylla siels ym mhob man o'n cwmpas ni a

chyn hir ro'dd pawb wedi'u gyrru i ryw dwll neu'i gilydd
yn grwpia o wahanol nifar. Criw o bump oeddan ni –
Meic a finna, a thri arall, dau breifat a sarjant. Mi
lusgodd y diwrnod heibio a dim byd yn digwydd. Pan
ddoth y rasions i fyny mi welson fod 'na ddŵr yfad i'w
ga'l y tro yma – mewn tunia petrol. A barnu odd'wrth
i flas o, ro'dd 'na fwy o betrol nag o ddŵr yn y tun
gawson ni. Ond ro'dd yn dda 'i ga'l o i wlychu'n cega.
Mi ddoth y nos unwaith eto – noson serog, glir. Ro'dd
'na gryn droedfadd o ddŵr yng ngwaelod y twll a'r
ochra'n wlyb a llithrig nes 'n bod ni'n llithro i lawr o hyd
a cha'l llond 'n sgidia o ddŵr. Yn y twll 'gosa aton ni,
rhyw ddecllath i ffwrdd, ro'dd corp'ral o'r Red Cross a
dau o'i ddynion – bechgyn ardderchog. Mi fyddwn i bob
amsar yn edmygu'r hogia yma. Ganno'dd o weithia y
gwelis i nhw'n mynd allan hefo'u stretsiars o dan drwyn
Jeri drw' ganol y bwledi i *no man's land* ac yn plygu
uwchben dynion hannar marw i drio'u hymg'leddu nhw.

'Mhen ryw awr wedi iddi dwyllu mi ddechreuodd y
Verey *lights* fynd i fyny, ac mi glywan Lewis *gun* yn tanio
rhyw ganllath i ffwrdd ar y dde i ni. Ro'dd hi'n poethi
bob munud a Jeri'n dŵad amdanon ni'n y twyllwch.
Y *machine guns* o'dd yn 'n poeni ni fwya gan fod y siels
i gyd yn mynd dros 'n penna ni ac yn landio yng
nghanol y dre. Er fod pob reiffl ym mhob twll yn tanio
cyn gyflymad ag roeddan ni'n medru 'u hail-lwytho nhw,
dal i ddŵad ymlaen ro'dd Jeri o hyd. Mi lwyddodd un
parti ohonyn nhw i gyrradd y twll siel o'dd yn union
o'n blaena ni. Dwn i ddim eto sut y llwyddon nhw i
neud hynny heb i'r un ohonon ni 'u gweld na'u clywad

nhw. Fodd bynnag, mi daflon ni ddwy ne' dair o'r 'peli bach' drosodd a chlywson ni ddim smic o'r twll hwnnw wedyn. Ro'dd y tanio mor ffyrnig fel na feiddian ni ddim dangos 'n penna dros yr ymyl i danio'n ôl. Dyna lle ro'dd o'n 'n curo ni bob amsar – mewn nifar.

Fel ro'dd Jeri'n gwasgu'n nes mi ddechreuodd daflu *egg bombs* drosodd. Ro'dd 'i 'wya' fo dipyn yn llai na'n 'peli' ni ond roeddan nhw'n medru gneud andros o lanast. Mi ffrwydrodd 'na un mewn twll siel heb fod ymhell odd'wrthan ni ac mi gl'wan rywun yn gweiddi am stretsiar. Y foment nesa ro'dd corpr'al y Red Cross ac un o'i ddynion allan o'u twll hefo stretsiar. Mi welodd Jeri'r symudiad ac mi daflodd chwanag o 'wya' drosodd ond mi lwyddodd y corp'ral a'i fêt i gyrradd 'n twll ni i ga'l ail wynt cyn mynd ymlaen at y dynion oedd wedi'u clwyfo. Yna mi waeddodd y corp'ral ar y bachgan arall i ddŵad drosodd ar 'i ôl o, ond chafodd o ddim atab. Unwaith eto mi glywan yr un llais yn galw am help. Ro'dd golwg hurt ar wynab y corp'ral a'i lygaid o'n melltennu'n 'i ben o. Mi waeddodd eilwaith a'i lais o'n crynu gan gynddaradd:

'W't ti'n dŵad y munud 'ma? Os nag w't ti dy lwc owt di fydd hi!' Yr unig atab oedd sŵn fel plentyn yn crio.

Mi welwn fod y corp'ral yn colli arno'i hun yn lân. Mi ddechreuodd sgrechian a gweiddi:

'Am y tro ola – w't ti'n dŵad drosodd, y llwfrgi? Chei di ddim cyfla arall.'

'Nac ydw.'

'Olreit! Mi gei aros yna.'

Heb ddim chwanag o lol mi gydiodd yn un o'n Mills *bombs* ni a'i thaflu drosodd. Ffrwydriad . . . a'r distawrwydd arferol.

Roeddan ni wedi'n syfrdanu, ond doeddan ni ddim mewn stad i bendroni a synfyfyrio uwchben y peth. Wedi'r cwbwl, beth oedd un bywyd arall ymhlith y miloedd? Fedra neb ddal y corp'ral yn gyfrifol am 'i weithrad erchyll – ro'dd o wedi colli'i synhwyra a mynd yn hollol wallgo. Fel llawar un arall ro'dd o wedi ca'l mwy na fedra'i fennydd o'i ddal. Tasa'r cr'adur bach arall wedi ca'l byw fasa dim trefn arno fo byth – ro'dd 'i nerfa fo'n racs. Dyna un o ganlyniada'r straen o fod yn sŵn byddarol y gynna y naill ddiwrnod a'r naill noson ar ôl y llall, yr oerni a'r gwlybaniaeth, y newyn a'r sychad . . . a'r gwaed. Toc mi ddringodd y corp'ral a'i fêt dros ymyl y twll ac mi ddiflannon i'r tywyllwch.

Fel ro'dd y noson yn treulio mlaen mi dawelodd y tanio, a phan wawriodd y bora mi welson fod Jeri wedi syrthio'n ôl ryw chydig cyn iddi 'leuo. O dipyn o beth mi welan benna 'n dŵad i'r golwg o'r gwahanol dylla a dynion yn gwibio ar 'u cyrcyda o'r naill dwll i'r llall i ga'l sgwrs a holi ynghylch rasions. Fedrwn i ddim gweld sut ro'dd hi'n bosib i ni ga'l rasions achos fedra neb ddŵad yn agos aton ni â holl ynna Jeri'n sefydlog arnon ni.

'Dyna ni am heddiw,' medda Meic, a'i wep o'n disgyn. 'Yn y blydi twll 'ma y byddwn ni drw'r dydd heb damad o fwyd.'

Mi awgrymodd y sarjant na fasa fo ddim yn syniad dwl i ni fynd drosodd at y Jeris o'dd yn y twll o'n blaena ni a chwilio'u pocedi nhw.

'Ma'n debyg fod 'na bedwar ne' bump ohonyn nhw,' medda fo, 'ac ma'n siŵr fod ganddyn nhw rywfaint o fara du arnyn.'

Mi betruson ni am funud ne' ddau. Tybad 'u bod nhw i gyd wedi marw? Mi ddylan fod, achos chlywson ni ddim odd'wrthyn nhw ar ôl i'r 'peli bach' fynd drosodd. Ro'dd petha'n dawal iawn a dim golwg o Jeri yn unlla. Mi lusgon 'n hunain yn ofalus i gyfeiriad y twll a'r sarjant ar y blaen. Ro'dd gin bob un ohonon ni 'bêl bach' yn 'i law – rhag ofn. Pan ddeuthon ni'n ddigon agos i'r ymyl i fedru gweld i mewn mi edrychon ar 'n gilydd mewn syndod. Ro'dd y twll yn wag! Doedd dim amheuaeth o gwbwl nad o'dd Jeri wedi bod yno – ro'dd 'na ddigon o'i olion o. Ond ble roeddan nhw? Fel roeddan ni'n syllu i lawr ac yn dyfalu mi sylwon fod y pridd o'r ochra wedi 'i styrbio fel tasa fo wedi'i grafu i lawr a'i daenu dros y gwaelod – peth digon naturiol iddyn nhw'i neud mewn twll a dŵr ynddo fo. Y sarjant o'dd y cynta i symud. Mi ososdd 'i faionet ar 'i reiffl ac i lawr â fo a dechra pwnio a phrocio'r pridd ar y gwaelod. Mi stopiodd yn sydyn â'i faionet at 'i garn yn y ddaear.

'Felly ro'n i'n meddwl,' medda fo. 'Mae 'na Jeri wedi'i gladdu'n y fan yma.'

Fuon ni ddim yn hir yn crafu tipyn o'r pridd i ffwrdd ac mi ddoth 'na bâr o goesa i'r golwg. Mi gydion ynddyn nhw a'i dynnu o'n glir – doedd 'na ddim mwy na chwe modfadd o bridd drosto fo. Ro'dd 'na un peth na fedran ni 'i ddeall – be barodd i'r Jeris 'i gladdu o mor sydyn? Os dyna'u harferiad nhw, roeddan nhw'n llawar mwy ystyriol ac yn dangos mwy o barch tuag at 'u meirw na ni.

Wrth chwilio'r corff mi ddeuthon ar draws rhywbath go anghyffredin – croes aur. Mi faswn i'n deud 'i bod hi tua throedfadd o hyd a rhyw chwe modfadd ar 'i thraws. O dan 'i gôt o ro'dd hi, ac roeddan ni'n bur siŵr mai o ryw eglwys neu'i gilydd ro'dd hi wedi dŵad gan 'u bod nhw'n betha go gyffredin yn eglwysi Ffrainc. Ro'dd hi'n werth cryn dipyn o arian, medda'r sarjant, ac mi stwffiodd hi o dan 'i gôt gyda'r bwriad o fynd â hi adra hefo fo ar 'i lîf nesa.

Roeddan ni bron â llwgu, a doedd 'na ddim sgrap o fwyd yn y twll, felly doedd waeth i ni fynd yn ôl i'n twll 'n hunain 'run blewyn.

'Beth am fynd i'r dre i chwilio am rywbath i' fyta?' medda'r sarjant. Fuo raid iddo fo ddim gofyn eilwaith. Chwartar awr yn ddiweddarach roeddan ni'n cerddad i lawr prif stryd Bailleul. Mi faswn i'n meddwl 'i bod hi'n dre nobl iawn cyn i Jeri 'i dinistrio hi. Welson ni mo'ni hi'n 'i gogoniant – rwbal a malurion welson ni ym mhobman, a chyrff 'n bechgyn ni a Jeri'n gorwadd yn gymysg yn y strydoedd.

Mi ddeuthon at adeilad go fawr lle ro'dd llawar o'n hogia ni wedi hel at 'i gilydd. Fel roeddan ni'n agosáu mi gododd rhai ohonyn nhw'u dwylo a galw arnon ni:

'Hei! hogia, dach chi isio bwyd? Rhaid i chi fod yn reit sydyn!'

Roeddan ni i mewn fel siot, yn barod i reibio beth bynnag o'dd yno.

'Helpwch ych hunain!' medda un o'r criw. 'Cymrwch be dach chi isio – ma'r lle 'ma'n ca'l 'i chw'thu i fyny heno.'

Mi ddallton mai storws o'dd o, a thunelli lawar o bob math o fwydydd wedi'u stacio yno. Doedd dim amsar i gario'r stwff i ffwrdd, ac yn hytrach na 'i adal o ar ôl i Jeri ro'dd y Royal Engineers wedi gosod mein o dan y llawr ac yn mynd i chwythu'r lle i fyny ar y funud ola. Welsoch chi 'rioed y fath stoc o ddanteithion! – tunia ffrwytha, cigoedd, bara ffres, bisgedi melys mewn pacedi papur – ac nid bisgedi cŵn fel oeddan ni'n ga'l hefo'r rasions. Wyddan ni ddim ble i ddechra! Mi fuon yno am hydo'dd yn lleibio a llyncu allan o'r tunia fel bleiddiaid. Tra roeddan ni'n byta mi sylwon fod 'na lawar o fynd a dŵad i gefn yr adeilad a phawb yn dŵad yn ôl dan gario rhywbeth ar 'u cefna ne' dan 'u ceseilia. Trwodd â ni. Yno mi welson stafall fawr a channo'dd ar ganno'dd o focsus o sigaréts, sigârs, baco a matsys wedi'u stacio i fyny i'r to. Mi gafodd Meic afa'l ar ddau sach o rywla ac mi lenwodd un ohonyn nhw mor llawn fel na fedra fo ddim cau 'i geg o. Mi ddalia i fod 'no filoedd lawar o sigaréts tasa rhywun wedi'u cyfri nhw. Mi euthon â'r sach allan i'r ffrynt a'i lenwi o hefo bara, bisgedi a thunia ffrwytha, ond pan dreion ni 'i godi o mi ffeindion na fedran ni mo'i symud o. Doedd dim i'w neud felly ond gwagio tipyn arno fo, ac ro'dd hynny'n torri'n c'lonna ni. Ond mi gafodd Meic syniad arall – mi bwysodd y sigaréts i lawr yn dynn yn fy sach i ac mi lwyddodd i ga'l wyth tun o fefus mewn ar 'u penna nhw. Ro'dd y lle'n ferw i gyd a phawb yn gwibio'n ôl a blaen – dynion wedi hannar 'u llwgu yn chwilota am sacha a bagia o unrhyw fath i ddal y lŵt. Mi gymrodd pawb fwy o lawar na fedran nhw'i gario'n hwylus.

'Pawb allan!' medda ryw sowldiwr mawr bochgoch wrth y drws. 'Os ydach chi wedi ca'l hynny dach chi isio rhowch gyfla i'r lleill sy'n disgwl y tu allan.'

Prin y medrwn i godi sach Meic ar 'i gefn o. Ro'dd fy sach i'n fwy ond yn llawar sgafnach. Mi welson y sarjant a'r ddau fachgan arall yn bustachu trw'r drws â bocsus mawr yn 'u haffla. Ro'dd sach yn hwylusach o lawar i'r pwrpas yma. Be oeddan ni'n mynd i'w neud hefo'r holl stwff? Wydda neb yn iawn, ond roeddan ni'n mynd i neud yn saff na fyddan ni ddim yn brin o fwyd am dipyn go lew o amsar. A'r sigaréts! Roeddan ni'n meddwl ar y pryd fod gynnon ni ddigon i bara am byth.

Mi stagron i fyny'r stryd, a fedrwn i ddim peidio â chwerthin wrth weld coesa Meic yn plygu dan y pwysa. Wedi cerddad sbel mi droeson i lawr stryd fechan ac ymlaen wedyn nes dŵad at adeilad braidd yn anghyffredin 'i olwg – ro'dd o'n debycach i eglwys am wn i. Ta waeth am hynny, i mewn â ni ar 'n hunion i'r selar. Ro'dd y lle yma eto'n orlawn o sowldiwrs blinedig, rhai'n byta, rhai'n cysgu, a'r lleill yn gorweddian o gwmpas ac yn smocio sigârs fel lords. Mi gawson le i ollwng 'n hunain i lawr, ac mi ddechreuon fyta eto. Dwn i ddim sut na fasan ni wedi mynd yn swp sâl a'n stumoga ni wedi bod yn wag cyhyd. Ond roeddan ni'n 'n seithfad nen wrth agor y naill dun ar ôl y llall hefo baionet. Pan gyrhaeddon ni'r stad na fedran ni fyta cegiad arall mi danion sigâr bob un a gorwadd yn ôl i'w mwynhau hi, a meddwl mor wahanol o'dd hi arnon ni chydig oria cyn hynny.

Ro'dd y lle'n dywyll ar wahân i fymryn o ola cannwyll yn un cwr o'r stafall. Mi ddechreuodd Jeri sielio'r dre o ddifri, ond doedd neb i'w weld yn malio – roeddan ni'n eitha diogal i lawr yn y selar. Tasa siel wedi disgyn ar 'n penna ni ma'n gwestiwn gin i fasa hi wedi deffro Meic y noson honno. Ro'dd o'n gorwadd ar 'i hyd â'i ben yn gorffwys ar 'i sachad lŵt, a sigâr fawr yn hongian o gongol 'i geg o. Yn sydyn dyna ffrwydriad nes o'dd y lle i gyd yn siglo – a dyna ddiwadd y storws, ma'n debyg. Dwn i ddim pwy o'dd i fod i amddiffyn y dre, ond ro'dd ugeinia o sowldiwrs yma'n y selar yn gorwadd ar draws 'i gilydd fel tasa Jeri ddim yn bod o gwbwl. Doedd 'na'r un sentri wrth y drws nac yn y stryd, a thasa Jeri ddim ond yn gwbod hynny mi fasa wedi medru'n dal ni i gyd a gneud fel fynna fo â ni. Ond roeddan ni wedi blino ac wedi byta gormod i foddro'n 'i gylch o. Dwn i ddim am ba hyd y cysgis i, ond rydw i'n cofio ca'l sgytiad gin Meic a cha'l y lle'n ferw drwyddo – pawb yn rhuthro am 'u gêr a dau offisar yn mynd rownd gan roi cic i amball un o'dd yn dal i gysgu.

'Allan â chi i gyd ar unwaith!' medda un ohonyn nhw ar dop 'i lais. 'Leiniwch i fyny'n y stryd! Ma Jeri'n y dre!'

Wyddwn i ddim ble roeddwn i am funud, ond mi es allan i ganlyn y lleill gan gerddad yn fy nghwsg fel p'tae. Cysglyd ne' beidio, mi gofion am y sacha bwyd a sigaréts.

'Be ddiawl s'gin ti'n fan'na?' medda un o'r offisars fel ro'n i'n pasio â'r sach ar 'y nghefn.

'Bwyd,' medda finna.

'Bwyd?' medda fo. 'Faswn i'n meddwl fod gin ti ddigon yn fan'na i fwydo'r holl armi am fis.'

Mi ddoth Meic i fyny hefo'i sach.

'Hy! *Food merchant* arall,' medda fo. Ond chwara teg iddo fo mi ddeudodd wrthon ni am ddal 'n gafa'l ynddyn nhw am dipyn gan nad oeddan ni'n symud allan o'r dre eto. Mi gawson 'n martsio i lawr y stryd a'n gosod yn y gwahanol dai yn bartïon o bump ne' chwech a'n siarsio i fod yn berffaith dawal ac i gadw'n llygaid yn agorad gan fod rhywun wedi gweld penna sgwâr o gwmpas y dre.

Mi ddallton i Jeri fod yn sielio'n drwm tra roeddan ni'n cysgu. Ma'n rhaid 'n bod ni wedi blino'n ofnadwy i fedru cysgu drw'r cwbwl. Ro'dd y siels yn dal i ddisgyn a'u sŵn yn codi mwy o arswyd ar ddyn yn nhrymdar nos nag a fasan nhw yng ngola dydd. Gyda'i bod hi wedi g'leuo'n y bora mi euthon drw'r tŷ o'r top i'r gwaelod i ga'l gweld be o'dd y rhagolygon tasan ni'n gorfod bod yno am sbel go hir. Bobol! Ro'dd o'n lle crand. Pwy bynnag o'dd 'i berchennog o ro'dd o'n dda 'i fyd. Yn un o'r llofftydd ro'dd 'na wely dwbwl mawr wedi 'i neud i fyny'n barod hefo cynfasa gwynion fel eira a chwrlid coch drostyn nhw – a ninna'n methu cadw'n llygaid yn agorad wrth sefyll uwch 'i ben o. Mi benderfynon fod 'na le i dri yn'o fo. Yna mi euthon ati i dynnu byrra docyn i benderfynu pa dri o'dd i ga'l y ddwyawr gynta'n y gwely tra bydda'r tri arall yn cadw gwyliadwriaeth. Fel y digwyddodd hi, y sarjant, Meic, a finna enillodd y ddwyawr gynta. Y sarjant o'dd yr unig un hefo wats a honno'n mynd ac mi roth 'i benthyg hi i'r tri arall.

'Dyma hi,' medda fo. 'Ma hi'n chwartar i bump rŵan, deffrwch ni chwartar i saith union . . . a dim blydi lol.'

Mi osodon 'n reiffls i sefyll yn erbyn y wal ac mi ddarun ryw hannar tynnu'n gêr odd' amdanon – doeddan ni ddim i fod i neud hynny. Roeddan ni ar fynd i'r gwely pan gofion ni am y ddau sach i lawr y grisia.

'Rhaid 'u ca'l nhw i fyny ar unwaith,' medda Meic. 'Ma 'na gymint o ddwylo blewog mewn lle fel hyn.'

Wedi 'u ca'l nhw i'r llofft mi gwthion ni nhw o'r golwg dan y gwely. Ro'dd y sarjant i mewn yn barod a'i sgidia mawr lleidiog yn gwthio allan drw'r traed. Mi a'th Meic i'r canol. Braidd yn dynn o'dd hi yno, ond bendigedig o braf. Dwi'n siŵr fod 'na olwg ryfadd arnon ni a'n penna ar y gobennydd claerwyn – yn fwd at 'n gyddfa, heb siêf ers dwn i ddim pa bryd, a chwech o hob nelars lleidiog yn gwthio allan drw' draed y gwely.

Mi faswn yn taeru nad oeddan ni ddim wedi bod yn y gwely fwy na phum munud na chawson ni'n deffro gin un o'r lleill. Ond fedran ni ddim dadla – gynno fo ro'dd y wats. Ro'dd petha wedi bod yn eitha tawal, medda fo – dim golwg o Jeri – amball siel yn dŵad drosodd, dyna'r cwbwl. Cyn gyntad â'n bod ni allan o'r gwely ro'dd y tri arall i mewn. I lawr y grisia â ni dan lusgo'r sacha i'n canlyn. Wedi bwrw golwg frysiog drw' rai o'r ffenestri mi steddon ni lawr i fyta. Wedyn mi fuon yn smocio'r naill sigarét ar ôl y llall i basio'r amsar, a mynd at y ffenast i ga'l sbec yn awr ac yn y man.

Ro'dd hi'n ddistaw iawn y tu allan a ninna'n edrych ymlaen at ga'l mynd yn ôl i'r gwely. Yn sydyn dyma Lewis *gun* yn dechra tanio o'r tŷ yr ochor arall i'r stryd, ac ar drawiad roeddan ni'n tri wrth y ffenast. Mi welson yn syth be o'dd yn bod – chwanag o drwbwl hefo'r *Portuguese*. Ro'dd tri ne' bedwar o'r tacla wedi dŵad i'r golwg o rywla a'n hogia ni, unwaith eto, wedi'u camgymeryd nhw am Jeri. Popeth yn iawn – doedd neb yn poeni.

Ar hynny mi ddoth 'n mêts ni i lawr y grisia i edrach be o'dd yr helynt – doedd dim posib cysgu, medda nhw hefo'r fath dwrw. Mi welson ninna'n cyfla ac mi euthon yn syth i'r gwely. Gyda'n bod ni wedi setlo i lawr mi glywson rywun yn dŵad i fyny'r grisia a'r peth nesa welson ni o'dd offisar yn sefyll wrth ochor y gwely.

'O!' medda fo'n wawdlyd. 'A phwy dach chi, ysgwn i? Dach chi'n meddwl fod dynion yn marw wrth y canno'dd ar y ffrynt i'ch cadw chi yn ych gwlâu? Allan â chi! Ac i lawr y grisia 'na gynta medrwch chi.'

Mi daflon y gynfas yn ôl ac mi welodd streips y sarjant.

'Sarjant?' medda fo, fel tasa fo'n methu credu'r peth. 'Ma peth fel hyn yn gywilyddus! Oes gin ti ryw fath o esgus i'w gynnig?'

Roeddan ni'n medru deud ar unwaith mai tipyn o gadifan o'dd hwn, ac mai newydd ddŵad drosodd ro'dd o. 'Ceiliog chwiadan wedi'i fagu dan iâr' y galwodd Meic o. Mi atebodd y sarjant o heb flewyn ar 'i dafod.

'Pan fyddwch chi wedi bod yn y lle yma am gyhyd o

amsar ag rydw i wedi bod, mi fydd yn dda iawn gynnoch chitha ga'l rhoi'ch pen i lawr.'

'Wyddost ti hefo pwy rw't ti'n siarad?' medda fo, gan wthio'i fymryn brest allan. 'Pan fyddi di'n fy nghyfarch i – "Syr" – a dyna rybudd i ti. Rydw i yma ers dros fis rŵan ac wedi sylwi bod llawar ohonoch chi wedi anghofio'n fuan iawn be ddysgoch chi cyn dŵad drosodd. Rydw i wedi arfar hefo dynion yn neidio *to attention* pan fydda i'n siarad, a phaid ti ag anghofio hynny.'

Ro'dd hyn yn fwy na fedra'r sarjant 'i ddal ac mi drodd arno fo.

'Edrach yma, 'ngwas i,' medda fo, 'rhed adra at dy fam. Mi fydd raid i ti fyta llawar mwy o uwd cyn y byddi di'n 'tebol i ddŵad i le fel hyn.'

Mi dynnodd yr offisar bensal a darn o bapur o'i bocad dan fwmian rhywbeth am *court martial*.

'Be 'di d'enw di?'

'Robin Hood.'

'O'r gora, os dyna'r ffordd rwyt yn dewis, mi gei gl'wad rhagor am hyn eto. Rŵan, i lawr â chi, y tri ohonoch chi, a cherwch hefo'r tri arall ar draws y sgwâr i godi rasions ar gyfar hannar cant o ddynion.'

Ffwrdd â ni. Wrth groesi'r sgwâr mi welson dri cherbyd – limbars felly – a dau geffyl hefo bob un ohonyn nhw. Ro'dd y cerbyda'n chwilfriw a'r ceffyla wedi 'u lladd, ac ro'dd dreifar un ohonyn nhw'n gorwadd yn farw rhwng 'i ddau geffyl. Pan gyrhaeddon ni'r warws lle roeddan nhw'n rhannu'r rasions ro'dd 'na amryw o bartïon eraill ar yr un perwyl â ninna. Mi a'th

y sarjant i mewn ac mi gododd rasions ar gyfar trigian
– deg torth ar hugian, bisgedi calad, margarîn a llond
pedwar tun petrol o ddŵr. Ro'dd o wedi ca'l ordors gin
yr offisar i'w dosbarthu nhw rhwng y tai yn 'n stryd ni.
Mi gawson ni dipyn ecstra wrth gwrs, er na fasa'r un
ohonon ni'n 'u byta nhw tra ro'dd gynnon ni rywbath
gwell yn y sach.

Yn ystod y bora ryw un siel yn awr ac yn y man oedd
yn dŵad drosodd. Ond tua chanol y pnawn mi
waethygodd yn sydyn, a chredwch ne' beidio, doedd
dim cymint ag un o'n gynna mawr ni'n tanio'n ôl.
Ro'dd cryn lawar o siels yn ffrwydro chydig strydo'dd
i ffwrdd, a sŵn y *machine gun* yn dŵad yn nes o hyd.
O'r ffenast lle roeddan ni'n sefyll mi welan dri o'n hogia
ni'n rhuthro rownd cornal y stryd ac yn rhedag nerth 'u
traed i'n cyfeiriad ni. Mi waeddon ni arnyn nhw i mewn
ac mi ddeudon 'u stori â'u gwynt yn 'u dwrn. Ro'dd
Jeri wedi cyrradd y stryd roeddan nhw newydd 'i gadal
ac wedi mynd i mewn i rai o'r tai ar ôl sgarmeso'dd
gwaedlyd o ddrws i ddrws ac o stafall i stafall. Er i'n
hogia ni fod wrthi fel teigrod yn trio 'u dal nhw'n ôl
hefo'u baionets, roeddan nhw'n methu dŵad i ben gan
fod 'na gymint ohonyn nhw.

Gan fod y Jeris wedi rhoi sbonc ymlaen mor sydyn,
a'u gynna mawr nhw heb altro 'u *range*, ro'dd y rhan
fwya o'r siels yn disgyn ar 'u sowldiwrs nhw 'u hunain
ac yn lladd llawar ohonyn nhw. 'Mhen chydig funuda mi
gwelan nhw'n dŵad rownd y gornal yn glòs yn 'i gilydd
ac yn llond y stryd o bafin i bafin. Mi wagion 'n reiffls
i'w canol nhw cyn gyflymad ag y gallan ni. Ond

doeddan ni ddim haws – fasa waeth i ni danio i ganol haid o wenyn ddim. Fel ro'dd un yn mynd i lawr ro'dd dau'n cymryd 'i le o. Ymlaen roeddan nhw'n dŵad yn ddiddiwadd. Mi sylweddolon nad o'dd gobaith i ni 'u hatal nhw, felly mi neuthon yr unig beth fedran ni 'i neud – 'i g'leuo hi allan drw'r cefn a thros wal uchal yng ngwaelod yr ardd. Pan oeddwn i ar ben y wal mi sylweddolis fod Meic ar ôl yn rhywla, ond pan drois i 'mhen mi gwelwn o'n bustachu drw'r drws â'i sachad sigaréts ar 'i gefn.

'Tydi'r cythreuliaid ddim yn mynd i ga'l rhain,' medda fo pan gyrhaeddodd o'r wal. Mi gydies yn un pen i'r sach a'i daflu o drosodd, yna mi redon am 'n bywyda ar ôl y lleill. Cyn hir roeddan ni ar y ffordd allan o'r dre yn gymysg â channo'dd eraill, a Jeri wedi meddiannu'r lle.

'Wel,' medda fi wrth Meic, fel roeddan ni'n trampio i lawr y ffordd, 'Jeri fydd yn cysgu'n y gwely heno.'

'Ia,' medda fo, 'a fo fydd yn byta'r rasions ecstra hefyd, a'r tunia ffrwytha. Gobeithio y tagan nhw'r diawl.'

6

WEDI CERDDAD milltiro'dd i gyfeiriad lle o'r enw St James La Pell mi welson bentwr mawr o rawia ar ochor y ffordd a phawb yn helpu'i hun ohonyn nhw ac yn mynd i'r caea i dorri tylla ne' ffosydd er mwyn ca'l rhywla i 'mochal dros y nos. Mi gymron ninna raw bob un ac wedi croesi dau ne' dri o gaea mi ddeuthon at dŷ ffarm – ia, un arall. Mi ddalia i fod pob tŷ ffarm yn Ffrainc wedi bod yn llochas sowldiwrs rywdro ne'i gilydd yn ystod y rhyfal. Fodd bynnag, doedd dim ond y sgubor yn sefyll yn y lle yma. Ro'dd y tŷ yn wastad â'r llawr. Wedi bwrw golwg frysiog dros y lle mi benderfynodd y sarjant y gwnâi o'r tro i ni am y noson. Yn un peth ro'dd 'na ddigon o wellt glân wrth law. Fel rheol, cadw'n ddigon pell o bob adeilad y bydda'r sowldiwrs os yn bosibl gan mai nhw fydda targed cynta Jeri, ac odd'wrthyn nhw y bydda fo'n ca'l 'i *range*.

'Rydan ni wedi'i mentro hi o'r blaen,' medda'r sarjant, 'ac mi 'i mentrwn ni hi eto – mae o'n edrach yn lle reit gyfforddus. Os eith petha'n rhy boeth mi fydd yn ddigon hawdd i ni 'i heglu hi allan i'r caea.'

Felly fu, ac mi setlon i lawr yn y gwellt. Ro'dd digon o ddŵr i'w ga'l o'r pwmp yn yr iard. Tasa gynnon ni rywbath i' fyta mi fasa'n go lew arnon ni.

Mi gawson lonydd drw'r nos gin Jeri, ac mi gafodd pawb gysgu'n 'i dro. Ond chawson ni ddim llonydd gin y milo'dd llau o'dd yn 'n cerddad ni. Roeddwn i'n teimlo fel llosgi 'nghrys, ond wedyn mi fasa'n oer iawn yn y nos hebddo fo.

Wedi iddi 'leuo drannoeth mi euthon ar sgawt i edrach o'dd 'na rywbath a wnâi'r tro i' fyta. Fedra'r hogia o'dd yn y ffos gynta sbario dim gan 'u bod nhw ar 'u torth ddwaetha. Yr un atab gawson ni ym mhob ffos arall, a doedd dim i'w neud ond mynd yn ôl i'r sgubor i orffwys ar y gwellt. Rhywdro tua'r un ar ddeg mi ddechreuodd Jeri sielio cyn waethad ag erioed, a phan ddisgynnodd un yn ymyl y sgubor, roeddan ni'n gwbod fod 'i lygad o ar yr adeilad ac mai gora po gynta i ni hel 'n traed. Mi gipion 'n rhawia ac allan â ni i un o'r caea − cae go fychan a chnwd o wair ifanc yn tyfu yn'o fo. Wedi turio'n galad am awr ne' well roeddan ni wedi mynd i lawr tua thair troedfadd, ond mi ddeuthon i ddŵr ac mi fuo'n rhaid i ni roi'r gora iddi hi. Trw' drugaredd ro'dd y sielio wedi gostegu cryn dipyn erbyn hyn, ond feiddian ni ddim mynd yn ôl i'r sgubor − roeddan ni'n saffach lle'r oeddan ni.

Toc, mi ddoth 'na eroplên Jeri i'r golwg ac mi hedodd yn isal yn union dros 'n penna ni − mor isal nes roeddan ni'n medru gweld wynab y peilot. Ro'dd o fel tasa fo'n 'n herio ni. Fel ffyliaid, mi godon 'n reiffls a thanio arno fo hefo'n gilydd. Mi ddoth yn 'i ôl wedyn, dipyn yn uwch y tro yma, a phan o'dd o'n union uwchben 'n ffos ni mi ollyngodd amryw o oleuada gwyrddion, a ffwrdd â fo'n syth i gyfeiriad leins Jeri.

Roeddan ni'n ama be o'dd 'i fusnas o, ac yn fuan iawn mi gawson wbod i sicrwydd. Arwydd i un o'r batris o'dd y goleuada gwyrddion, ac rŵan ro'dd 'n *range* ni ganddyn nhw. Yn ystod y munuda nesa ro'dd siels yn disgyn yn dew dros y cae i gyd. Ro'dd hi fel tasa uffarn 'i hun yn bwrw'i holl gynddaradd arnon ni. Fedran ni neud dim ond gorwadd yn fflat ar waelod y ffos a'n trwyna'n y pridd, a gwrando ar y cawodydd *shrapnel* yn dyrnu'r ddaear o'n cwmpas ni. Ro'dd amball ddarn go drwm yn disgyn gyda'r fath rym nes bod ochra'r ffos yn cracio. Mi fasa'n llawar gwell i ni fod wedi peidio â 'myrra'th â'r eroplên honno – roeddan ni'n gweld rŵan gymint o ffyliaid fuon ni.

Doedd dim golwg fod Jeri'n mynd i 'rafu o gwbwl, ac ro'dd o fel tasa fo'n canolbwyntio ar 'n cae ni. Yna mi ffrwydrodd siel anfarth yn 'n hymyl ni, a'r eiliad nesa roeddan ni wedi'n claddu dan doman o bridd a thywyrch.

'Dyna dy lot di, Dan,' meddwn i wrtha f'hun. Ond rywsut ne'i gilydd mi fedris godi ar 'y mhedwar a dechra anadlu unwaith eto. Mi wyddwn na fasa'n bosib iddo fo ddal ymlaen fel hyn o hyd, ond mi wna'th am ugian munud arall – ne' ddeng munud, hwyrach. O'r diwadd mi dawelodd ryw gymaint ac mi feiddis ddangos 'y mhen dros yr ymyl. Fasa chi byth yn nabod y cae! Hannar awr cyn hynny ro'dd o'n las a ffres; rŵan ro'dd o fel tasa fo wedi'i 'redig, yn wrymia cochion drosto. Mi drois i siarad hefo'r sarjant. Y nefoedd fawr! Doedd o ddim wedi symud o'i unfan, ac ro'dd gwaed yn llifo i lawr 'i wynab o. Erbyn gweld ro'dd darn o *shrapnel* cymint â sosar de wedi mynd drw'i helmet o ac wedi 'mgladdu yn 'i fennydd o. Er nad o'dd o ond prin ddwylath i ffwrdd, doedd 'run ohonon ni wedi clywad swn yr helmet yn ca'l 'i thrawo na chymint ag ebwch odd'wrth y sarjant. Be rŵan?

Mi benderfynon mai symud i ffwrdd fydda ora i ni. Roeddan ni wedi ca'l llond 'n bolia ar y sielio parhaus. Ond i ble? Hwyrach na fydda hi ddim mor ddrwg tasan ni'n symud fwy'n ôl a dechra tyllu mewn cae ffres. Roeddan ni'n barod i gychwyn, ond doedd neb yn symud – dim ond edrach ar 'n gilydd. Yr un peth o'dd yn mynd drw' feddwl pob un ohonon ni – be am y sarjant? Mi edrychon arno fo'n gorwadd ar 'i gefn yn y ffos â'i lygaid yn llydan agorad fel tasa fo'n edrach arnon ni ac yn deud fod yn ddrwg gynno fo na fedra fo ddŵad hefo ni.

'Fedrwn ni mo'i adal o fel hyn,' medda fi, 'well i ni drio'i gladdu o'n rhywla.'

Chydig o ddewis o'dd gynnon ni – a llai o amsar, felly mi benderfynon mai'r ffos fydda'i fedd o – y ffos ro'dd o 'i hun wedi helpu i'w hagor. Doedd o fawr o feddwl pan o'dd o'n tyllu am 'i fywyd y bora hwnnw 'i fod o'n agor 'i fedd 'i hun. Mi helpodd pawb i'w godi o'n ofalus – ro'dd o'n fachgan go drwm. Wedi 'i osod o'n barchus ar waelod y ffos mi ddechreuon daenu'r pridd drosto fo, ond mi darodd ym mhen un o'r hogia i gymryd gofal o'i wats a'i walat o. Mi ddeudodd y basa fo'n 'u gyrru nhw i'r teulu os bydda fo'i hun yn fyw i neud hynny. Pan agorodd o fotyma 'i diwnic o i estyn y walat mi ddoth y groes aur i'r golwg – yn gorffwys ar 'i frest o.

'Be wnawn ni hefo hon, hogia?' medda fo gan 'i dal hi i fyny.

'Gnewch fel a fynnoch chi hefo hi,' medda finna, 'ond wna i ddim byd â hi, dyma'r ail gorff iddi ga'l 'i chymryd odd'arno fo mewn tridia.'

'Gadwch iddi hi arno fo,' medda un arall, 'ddaw hi â dim ond melltith i'w chanlyn.'

Waeth i chi p'run, ro'dd y boi yma wedi'i ffansïo hi ac yn bwriadu 'i chadw hi, a thra roeddan ni'n gorffan claddu'r sarjant mi rhoth hi o'r golwg o dan 'i gôt.

Roeddan ni wedi gweld digon o ddynion meirw'n ddiweddar ac wedi c'ledu'n arw, ond ro'dd colli'r sarjant yn wahanol ac yn deud ar 'n nerfa ni. Roeddan ni'n falch o ga'l symud i rywla, ond gyda'n bod ni wedi cychwyn mi fuo'n rhaid i ni droi'n ôl − ro'dd Meic wedi anghofio'i sachad sigaréts. Mi gerddon wedyn ar draws cae ne' ddau gan gadw llygad agorad am lecyn go gysgodol. Unwaith eto mi ddechreuodd y siels chwibanu, ond roeddan nhw'n fwy ar wasgar y tro yma. Gan 'n bod ni erbyn hyn yn nesu at bentra St James La Pell mi benderfynodd Meic a finna gerddad ymlaen a thrio cyrradd yno cyn iddi dwyllu i edrach fedran ni ga'l gafa'l ar rywfaint o fwyd. Mi arhosodd y ddau arall ar ôl.

Pan gyrhaeddon ni'r pentra 'mhen rhyw dri chwartar awr mi welson fod y lle'n llawn o sowldiwrs − Ffrancod bron i gyd. Roeddan nhw'n edrach yn ffres a glân, a'u reiffls nhw'n sgleinio − mor wahanol i'n rhai ni. Mi gawson ddigon o sylw, beth bynnag, a'r cwbwl yn cabalatsio ar draws 'i gilydd wrth drio'n holi ni, a ninna'n dallt y nesa peth i ddim oeddan nhw'n 'i ddeud. Fuon ni ddim yn hir yn rhoi ar ddallt iddyn nhw mai chwilio am fwyd roeddan ni, ond doeddan nhw ddim i'w gweld ar lawar o frys i'n helpu ni nes i ni sôn am y sigaréts o'dd gynnon ni i'w swopio. Doedd gynnon ni ddim ond rhyw ddeg paced hefo ni ac mi a'th rheiny ar unwaith am dorth frown a llond tun bychan o saim. Tasa gynnon ni chwanag o sigaréts mi fasan wedi ca'l chwanag o fwyd, ond mi ddeudon ni wrthyn nhw y basan ni'n dŵad yn ôl yn hwyrach y noson honno. Wedyn mi euthon i ryw dŷ byta, ond doedd neb yn byta yn'o fo'r noson honno gan fod pawb yn brysur yn chwara cardia. Gan fod Meic yn gamblwr wrth natur ro'dd o'n ysu am ga'l 'i big i mewn, ac mi rois fenthyg tipyn o ffrancs iddo fo. Mi ffeindiodd yn fuan iawn fod gan y Ffrancod 'u ffordd 'u hunain o chwara cardia ac mi gollodd y cwbwl er iddo ddadla a phrotestio – doedd neb yn deall yr un gair o'dd o'n 'i ddeud.

Mi gychwynnon yn ôl dow-dow gan wbod y bydda'r ddau arall yn disgwl amdanon ni ac yn gobeithio y bydda gynnon ni rywfaint o fwyd iddyn nhw. Ro'dd Jeri'n dal i sielio a ninna'n methu deall sut ro'dd o'n medru dal ati ddydd a nos. Tybad 'i fod o'n cysgu o gwbwl? Ac os o'dd o – pryd? Pan gyrhaeddon ni'r fan lle gadawson ni'n mêts mi gawson 'n syfrdanu. Yno, o flaen 'n llygaid ni, ro'dd un ohonyn nhw'n gorwadd yn farw ar ymyl twll siel ffres – wedi'i drawo'n 'i stumog nes roeddan ni'n gweld 'i du mewn o. Doedd dim golwg o'r llall yn unlla, ond ro'dd llwybyr igam ogam o waed yn dangos mai i gyfeiriad y ffordd yr a'th o i rywla.

Fedran ni ddim dweud p'run o'r ddau o'dd wedi'i ladd gan 'i fod o wedi'i orchuddio â gwaed. Mi edrychon eilwaith. Ro'dd golwg ddychrynllyd arno fo.

'Na,' medda fi wrth Meic, 'dwn i ddim p'run o'r ddau ydi o.'

Yna mi sylwis ar rywbath a'th â 'ngwynt i.

'Duw a'n helpo! Edrach yna, Meic,' medda fi gan bwyntio at y groes aur yn sticio allan o ganol y cnawd a'r gwaed. Fûm i 'rioed yn gr'adur ofargoelus, ond fedrwn i ddim dŵad dros peth fel hyn − ro'dd o'n codi arswyd arna i. Mi ddeudis wrth Meic nad oeddwn i'n mynd i aros a ninna'n sefyll fel delwa'n y fan honno yn methu tynnu'n llygaid odd'ar y groes.

'Tyrd, Meic,' medda fi, 'mi awn ni odd'yma − i rywla . . . i rywla − waeth yn y byd i ble.'

Ond doedd o ddim yn bwriadu symud nes dŵad o hyd i'r sachad sigaréts. O'r diwadd mi ddeuthon o hyd iddyn nhw bron o'r golwg dan haenan o bridd.

Mi benderfynon fynd yn ôl at y Ffrancod i fwrw'r nos gan obeithio y dôi rhywbath gwell i'n rhan ni bora trannoeth. Ar hyd y ffordd mi welwn y groes o flaen fy llygaid, a fedrwn i mo'i cha'l hi o fy meddwl. Am funud mi welwn y Jeri hwnnw y cymron ni'r groes odd'arno fo i ddechra, yna'r sarjant, ac rŵan dyma'r trydydd. O ble y cafodd y Jeri hi i ddechra tybad? Hwyrach iddo fynta'i chymryd hi odd'ar gorff rhywun.

Diolch fyth, mi gyrhaeddon yn ôl at y Ffrancod yn saff. Ro'dd yn dda ca'l cwmpeini go hwyliog, er nad oeddan ni'n deall fawr ddim ar 'u lingo nhw. Ro'dd 'na farchnad dda i'r sigaréts, ac mi gawson ddigon o fara i'n cadw i fynd am sbel. Un lamp o'dd yn y stafall, ond ro'dd hi'n lamp fawr ac yn rhoi gola da. Ro'dd pob ffenast wedi'i gorchuddio â phlancad rhag i Jeri weld llygedyn o ola. Mi ddoth yr ysfa am chwara cardia dros Meic eto, a chan nad o'dd gin inna ddim arall i'w neud mi ddeudis yr awn i'n bartnar hefo fo, ac mi rois fenthyg pres iddo fo. Faswn i ddim wedi cyboli ond 'mod i'n meddwl y basa hynny'n help i ni'n dau i anghofio. Cyn pen yr awr roeddan ni ar y rocs. Ta waeth am hynny, mi basiodd yr amsar ac mi gawson lenwi tipyn ar 'n stumoga. 'Mhen hir a hwyr mi ddoth y chwara i ben, ac fesul un a dau mi a'th pawb i ryw gongol ne'i gilydd i gysgu. Ro'dd hi'n dipyn gwell arnon ni yma nag mewn ffos hannar llawn o ddŵr.

Pan ddeffron ni bora drannoeth ro'dd y lle'n llawn prysurdab, a phawb yn mynd a dŵad. Mi ddallton yn y man i lawar o Ffrancod gyrradd y pentra'n ystod y nos a'u bod nhw wedi dŵad i gymryd gofal o'r rhan yma o'r ffrynt. Pob lwc iddyn nhw. Ro'dd y mymryn gweddill o'n hogia ni wedi symud yn ôl, ond wydda neb i ble. Roeddan ni fel dau dramp yn perthyn i neb ac ar goll i bawb unwaith eto. Mi euthon allan i edrach be o'dd yn digwydd, ond doeddan ni ddim nes i'r lan. Y peth gododd fwya ar 'n c'lonna ni o'dd gweld Ffrancod ym mhobman yn torri ffosydd ac yn dŵad â gynna seventy-fives i fyny'n barod i roi croeso heb 'i ddisgwl i Jeri. Ro'dd 'na filo'dd ar filo'dd ohonyn nhw − golygfa go ddiarth i ni o'dd wedi arfar gweld dim ond Jeris wrth y milo'dd.

Yn ystod y bora mi ddoth 'na chwanag o Ffrancod i

fyny, ac yn 'u mysg ryw ddyrnad o'n hogia ni – straglars wedi'u pigo i fyny yma ac acw ar y ffordd. Ond yn 'u canol nhw ro'dd 'na un – ac un yn unig – o'n bataliwn ni. Doeddan ni ddim haws o'i holi o – wydda'r cr'adur ddim mwy na ninna. Fel roeddan ni'n sefyllian o gwmpas heb wbod yn iawn be i'w neud hefo ni'n hunain mi ddoth 'na barti o Ffrancod i fyny'r ffordd yn uchal iawn 'u cloch fel tasan nhw wedi'u plesio'n arw hefo rhywbath. Mi ddallton iddyn nhw fod allan yn y wlad yn prowla a chwilota am unrhyw beth gwerth 'i bigo i fyny, ac iddyn nhw ddŵad o hyd i'r groes aur.

'A'i melltithio hi!' medda fi. 'Welwn ni byth ddiwadd arni hi.'

Ro'dd hi wedi'i gorchuddio â gwaed, ac mi wyddan ni gwaed pwy o'dd o. Mi ddoth 'na rhyw gyfog drosta i. Busnas ofnadwy o'dd hwn – y byw yn rheibio'r marw o hyd, ac ro'dd sowldiwrs pob gwlad i'w beio fel 'i gilydd. Mi gymrodd un o'r *Froggies* gerpyn i sychu'r gwaed odd'arni hi, a'r lleill yn tyrru o'i gwmpas o i'w hedmygu hi. Roeddan nhw'n siarad yn uchal a chyflym, ac yn amlwg yn meddwl 'u bod nhw wedi gneud darganfyddiad pwysig. Welson ni ddim golwg ohoni wedyn, diolch am hynny, ond mi fuo mi'n meddwl lawar gwaith beth, tybad, ddoth i ran 'i pherchennog newydd hi.

7

UNWAITH ETO, y broblem o'n blaena ni oedd sut i ddŵad o hyd i'n bataliwn. Mi fasan yn rhywun wedyn ac yn cyfri am fwyd a phae. Fel 'r oedd hi, doeddan ni'n neb. Mi gychwynnodd Meic a finna a'n mêt newydd, 'Chopper' Wood, gerddad allan o'r pentra gan ddilyn y ffordd i ble bynnag ro'dd hi'n mynd – doedd gynnon ni ddim syniad i ble. Ymlaen o hyd. Duw a ŵyr sawl milltir gerddon ni nes o'dd swigod yn codi ar 'n traed ni. Oni bai fod gynnon ni stoc o sigaréts i'n cadw ni i fynd fasan ni ddim wedi medru cerddad hannar cyn bellad. Mi ddeudodd Chopper fod gynno fo borchall yn y sach o'dd ar 'i gefn o. Doedd o'n ddim ond un bychan – rhyw bum wsnos oed, hwyrach, ac roeddan ni'n ceisio dyfalu be ar y ddaear o'dd Chopper yn feddwl 'i neud hefo fo dan y fath amgylchiada. Ond 'hen sowldiwr' o'dd Chopper – un o'r rhai cynta i ddŵad drosodd – ac mi wydda o'r gora be o'dd o'n neud. Roeddan ninna, o ran hynny, wedi dŵad yn dipyn o sgolars erbyn hyn. Ar hyd y ffordd welson ni ddim ond Ffrancod ym mhobman. O'r diwadd mi ddeuthon i wersyll y Duke of Wellingtons. Wedi holi llawar mi glywson fod 'n bataliwn ni'n aros mewn rhyw bentra rai milltiro'dd i ffwrdd. Ond roeddan ni wedi ca'l digon am y diwrnod hwnnw ac mi dreulion y nos hefo'r Dukes.

Drannoeth mi ailgychwynnon, ac ar ôl taith o'dd yn edrach yn ddiddiwadd mi gyrhaeddon y pentra a cha'l y lle'n llawn o Northumberland Fusiliers. Ro'dd 'n bataliwn ni wedi symud i ffwrdd y diwrnod cynt. Ro'dd golwg ofnadwy arnon ni hefo'n wyneba barfog a budur, a'n traed trw'n sgidia. Criw ffres oedd rhain, newydd ddŵad drosodd o Loegar – doedd raid i neb ddeud hynny wrthan ni. Ro'dd y ffordd roeddan nhw'n edrach arnon ni â'u cega'n agorad yn profi nad oeddan nhw wedi gweld dim eto. Mi ddechreuodd un ne' ddau o'r rhai mwya cegog neud tipyn o hwyl am 'n penna ni a'n cymryd ni braidd yn ysgafn. Doeddan ninna, fel y gellwch chi feddwl, ddim mewn tempar rhy dda, ac oni bai i ryw gaptan ddŵad i'r golwg y munud hwnnw mi fasa wedi mynd yn ffeiarwyrcs yn y fan. Mi holodd y captan ni'n fanwl, nid er mwyn busnesu a phigo beia, ond fel dyn call yn gwbod 'i waith. Wedi clywad 'n stori ni mi ddeudodd wrthan ni am fynd at y cwc i ga'l tamad, ac yna i Hut 10 i aros tra bydda fo'n trio ffeindio allan ble'r o'dd 'n bataliwn ni. Hen foi go lew o'dd hwn.

At ddiwadd y pnawn mi gawson alwad i'r H.Q. Tŷ mawr yng nghanol y pentra o'dd hwn. Ar 'n ffordd yno mi welson notis yn ffenast rhyw fwthyn: 'Coffee, Eggs and Chips – 1 franc.'

'Jest y peth i ni!' medda Meic. ''Rhoswch nes down ni'n ôl.'

Pan euthon i mewn i'r H.Q. ro'dd y captan yn disgwl amdanon ni. Fedra fo ddim deud y noson honno i ble'r oeddan ni i fynd, ac felly ro'dd o wedi trefnu i ni ga'l blancad bob un o'r stôrs ac i ni gysgu yn Hut 10.

Cyn gyntad ag y cawson ni'n blancedi mi frysion yn ôl i'r bwthyn ar fin y ffordd gan dyngu y basan ni'n clirio hynny o fwyd o'dd yn y lle. Mi gerddon yn syth i mewn fel tasa pia ni'r lle ac mi ddoth 'na enath ifanc i dendiad arnon ni – y M'mselle fach ddela welsoch chi. Ro'dd gin Chopper grap go lew ar yr iaith ac mi ddeudodd wrthi'n bod ni isio coffi, wya a *chips* a'i bod hi i ddal ati i ffrio nes i ni ddeud wrthi am stopio. Fel ro'n i'n ista wrth y bwrdd i ddisgwl ro'dd ogla a sŵn y ffrio'n gneud i mi feddwl am Mam yn gneud brecwast yn y gegin bach adra, ac fel y bydda hi'n ffrio wy ecstra i'w roi yn nhun bwyd 'nhad i fynd i'r chwaral. Chwara teg i'r enath, mi fuo wrthi hynny fedra hi, ond fel ro'dd hi'n gwagio un badella'd roeddan ninna'n disgwl am y nesa – fedra'r gr'aduras bach ddim cadw i fyny hefo ni. Pan ddoth hi â'r nawfed platiad i'r bwrdd mi ddeudon wrthi y câi hi roi'r gora iddi. Mi gostiodd y ffîd honno rywbath i ni, ond ro'dd hi'n werth pob ffranc, a ninna'n medru 'i fforddio gan fod Meic wedi fflogio stoc reit dda o sigaréts i'r Fusiliers cyn cychwyn.

Mi bigon 'n blancedi i fyny, a ffwrdd â ni. Pan gyrhaeddon ni'n ôl ro'dd 'na andros o helynt yn Hut 10 – dau ddreifar yn dadla ac yn dyrnu'i gilydd. Yn ôl yr hanas roeddan nhw wedi bod i lawr yn y pentra'n hel diod, ac yn ffrindia mawr, gan fod un ohonyn nhw wedi talu am y ddiod i gyd y noson honno. Wedi iddyn nhw gyrradd yn ôl i'r cwt mi ffeindiodd y llall fod 'i sgidia gora fo ar goll. Roeddan nhw wedi'u gwerthu i gyfarfod y draul! Wrth lwc, mi ddoth y *sergeant major* i mewn cyn i betha fynd ddim gwaeth ac mi gymrodd enwa'r ddau.

Roeddan ni mewn hwylia reit dda ar ôl y ffîd ac yn gweld yr ochor ddigri i'r peth. Dyna lle'r oeddan ni'n sefyll ar y naill du ac yn rhyw gil chwerthin drw'n gilydd. Ma'n rhaid i'r *sergeant major* 'n clywad ni, achos mi drodd rownd fel dyn cynddeiriog a gofyn ar 'i beth mawr ynta be o'dd mor ddigri. Atebon ni mo'no fo, ac ma'n debyg iddo fynta weld mai perthyn i ddiadall arall roeddan ni. Chymrodd o mo'n henwa ni, beth bynnag – dim ond deud wrthan ni am ga'l siêf gynta medran ni.

'Does gynnon ni ddim rasal,' medda fi.

'Mi ofala i ych bod chi'n ca'l un,' medda fo, ac mi fuo'n rhaid i Chopper fynd hefo fo'r holl ffordd i'r pentra i nôl un. Pan ddoth o'n ôl a'i dangos hi i ni mi welson ar unwaith nad o'dd hi'n dda i ddim – ro'dd hi wedi'i gwisgo allan nes ro'dd hi'n debycach i hen gyllall crydd. Mi dries i 'ngora 'i hogi hi ar sling reiffl ond doedd hi fawr gwell, os rhywfaint.

'Mi treiwn ni hi,' medda Chopper. 'Ista i lawr Meic, ac mi siefiwn ni di'n gynta.'

Wedi mwydo barf Meic hefo dŵr oer a sebon dyma fynd ati – Chopper hefo'r rasal, finna'n barod hefo chwanag o ddŵr a sebon os bydda angan, a Meic yn dal 'i wynt fel tasa fo mewn cadair *dentist*. Fel roeddan ni'n disgwl, thorra'r hen rasal ddim cymint â blewyn o'r farf – dim ond llithro'n esmwyth dros y sebon. Fasa waeth i ni iwsio'i chefn hi ddim, ond roeddan ni wedi trio.

Mi benderfynodd Chopper y dyla fo ga'l golwg ar y porchall, ac mi tynnodd o allan o'r sach. Ro'dd o'n edrach yn byr anghynnas wedi'i orchuddio â gwaed, a phob math o hen flewiach yn glynu wrtho fo. Erbyn hyn doedd y perchennog 'i hun ddim yn rhyw sicir iawn be o'dd o'n mynd i'w neud efo fo. Fel ro'dd hi'n digwydd, ro'dd un o'r dreifars yn sefyll yn ymyl ac mi ddeudodd y basa fo'n medru'i ga'l o i lawr i'r *cookhouse* ond i ni 'i llnau o'n gynta. Ro'dd o'n barod i neud y cwbwl ar yr amod 'i fod o'n ca'l dŵad i mewn fel partnar pan ddôi hi'n amsar i' fyta fo. Mi euthon â'r mochyn i lawr at y pwmp a rhoi sgwrfa dda iddo fo nes ro'dd o'n edrach yn debyg i fochyn. Wedyn mi agoron ni o a llnau'i du mewn o. Y broblem nesa o'dd ca'l y gwrych i ffwrdd, ond mi gofiodd Meic am y rasal. Wedi'i seboni o nes ro'dd o'n laddar drosto mi a'th Chopper ati i'w grafu o. Wedi llawar o regi a rhwygo mi ddeudodd 'i fod o wedi gneud 'i ora ac na fedra fo ga'l yr un gwrychyn arall i ffwrdd. Yn ôl a fo o dan y pwmp, ac wedi'i olchi o drosodd a throsodd doedd o ddim yn edrach mor ddrwg. Mi a'th Chopper a'r dreifar â fo i lawr i'r *cookhouse* ac wedi tipyn o freibio 'n y fan honno mi gawson addewid y bydda fo'n barod erbyn pnawn drannoeth.

Y noson honno mi orweddon ar y llawr coed a dim ond un blancad droston ni. Ro'dd drafft fel cyllall yn dŵad i fyny rhwng y stylleni, a chysgon ni fawr dim drw'r nos. Cyn gyntad ag y g'leuodd hi mi godis i ac mi es allan i gerddad o gwmpas i drio c'nesu tipyn. Tuag wyth o'r gloch mi lwyddon i ga'l tuniad o de poeth. Ro'dd o'n wan fel dŵr cwningan a thrwch o saim yn nofio ar 'i wynab o, ond ro'dd o'n boeth ac yn wlyb. Mi a'th y lleill i gyd allan ar parêd naw o'r gloch ac mi gawson y cwt i ni'n hunain. Mi benderfynon fod hwn yn

gyfla i ga'l golwg iawn arnon 'n hunain ac mi dynnon
'n gêr i gyd odd'amdanon. Wedyn mi dynnon 'n crysa
er mwyn ca'l golwg ar gefna'n gilydd wedi'r holl gosi a
chrafu. Mi fasach yn taeru fod y frech goch arnon ni'n
tri. Pan edrychon ni ar 'n crysa mi welan ugeinia lawar
o'r tacla'n glynu ym mhob gwnïad a phlygiad. Hyd yn
oed tasan ni'n ca'l gafa'l ar dipyn o ddŵr berwedig yn
rhywla fasan ni byth yn medru sychu'r crysa'n ddigon
buan, a doedd wbod pa funud y basan ni'n ca'l 'n galw
i'r offis.

'Ma rhai'n dal allan mai haearn smwddio poeth
ydi'r unig beth i'w setlo nhw,' medda Meic; ac mi
chwanegodd Chopper 'i bwt, 'Mi fyddan wedi 'myta i
cyn y gwela i haearn poeth eto.'

Mi es dros fy nghrys fodfadd wrth fodfadd ond
mwya'n y byd oeddwn i'n ladd mwya'n y byd o'dd yn
dŵad i'r golwg o hyd – roeddan nhw'n debyg iawn i'r
Jeris yn hynny o beth. Doedd 'n trowsusa a'n cotia ni
fawr gwell chwaith erbyn gweld.

Fel roeddan ni'n gwisgo amdanon mi ddoth 'na
sowldiwr i'r drws i ofyn o'dd gynnon ni lythyra i'w
postio. Llythyra! Mi sylweddolis yn y fan fod dros
bythefnos er pan fedron ni yrru llythyr o gwbwl. Be o'dd
Mam yn 'i feddwl? Heb glywad gair a'r holl ymladd
'ma'n mynd ymlaen. Mi gwelwn hi'n mynd at y giât i
gwfwr y postman ac yn ca'l 'i siomi'r naill ddiwrnod ar
ôl y llall ac yn mynd i ofni'r gwaetha. Doeddwn i fawr
o feddwl ar y pryd fod 'na notis wedi bod yn y papur
yr wsnos honno yn deud 'mod i'n 'missing, believed
killed', ac fod papura'r Sowth yn deud yr un peth am

Meic. Cyn bellad ag roeddan ni'n y cwestiwn y fataliwn o'dd ar goll ac nid y ni.

Doedd gynnon ni ddim papur sgwennu nac enfilops, ond mi fedrodd y postman ga'l rhai i ni am chydig o sigaréts, ac mi ddeudodd y basa fo'n galw'n ôl 'mhen ryw ugian munud wedi bod rownd y cytia er'ill. Roeddan ni wedi gorffan y llythyra erbyn iddo fo ddŵad yn 'i ôl – llythyra byrion i ddeud 'n bod ni ar i fyny. Wedi i'r llythyr fynd roeddwn i'n teimlo'n fwy c'lonnog, ac yn llawar mwy awyddus i ddŵad o hyd i'n bataliwn er mwyn ca'l llythyr o gartra.

Ro'dd hi'n tynnu at hannar dydd a'r hogia'n dŵad i mewn odd'ar parêd. Doeddan ni ddim wedi clywad gair odd'wrth y captan. Toc, mi welson y dreifar hwnnw'n pasio heibio'r cwt ac mi waeddodd Meic arno fo, 'Hei! Be am y mochyn? Ydi o'n barod bellach?'

'Ma'n ddrwg gin i, hogia,' medda fo, 'mi sbotiodd y captan o ac mi wna'th i'r cwc ga'l gwarad â fo. Hen dro 'ntê?'

Mi edrychon ar 'n gilydd . . . Wedi'r holl draffarth! Ond doedd dim iws digalonni, mi fuo'n waeth arnon ni lawar gwaith, ac mi wyddan fod 'na ryw fath o ginio ar 'n cyfar ni 'run fath â'r lleill. Cyn bellad ag roedd y mochyn yn y cwestiwn doeddan ni ddim yn fodlon ar yr esboniad, ac mi ffeindion yn ddiweddarach i'r dreifar fynd i'r *cookhouse* i'w nôl o a'i werthu o i'r *sergeant's mess* am dair ffranc.

Ganol y pnawn mi yrrodd y captan amdanon ni ac mi gawson ordors i gychwyn ar unwaith i wersyll filltiro'dd y tu ôl i'r leins. Ro'dd 'n bataliwn ni i fod i gyrradd yno y diwrnod hwnnw, ond os na fyddan nhw wedi cyrradd roeddan ni i aros yno i'w disgwl nhw. Milltiro'dd o gerddad eto – Duw a helpo'n traed ni!

8

WEL, MI FFARWELION â'r Fusiliers ac mi gychwynnon.
Ro'dd gynnon ni ryw amcan i ble i fynd rŵan, ond
ddychmygon ni 'rioed 'i fod o mor felltigedig o bell. Mi
basion drw' amryw o bentrefi a gweld yr *estaminets* i gyd
yn agorad ac yn llawn o sowldiwrs yn 'u mwynhau 'u
hunain – ne'n edrach felly, beth bynnag. Doedd gynnon
ni ddim sentan rhyngddon – ro'dd Meic wedi colli'r
chydig gawson ni am sigaréts ar y Crown and Anchor
cyn cychwyn – ac roeddan ni bron â thagu gan sychad.
Mi ddoth i ben arnon ni toc – ro'dd yn rhaid i ni ga'l
llymad o rywla ne' syrthio ar ochor y ffordd. Mi
benderfynon y basan ni'n mynd i mewn i'r *estaminet*
nesa i drio ca'l swig o rywbath drw' ryw sgiâm ne'i
gilydd. Fuon ni ddim yn hir iawn cyn dŵad i'r pentra
nesa, ac mi welson fod Jeri wedi gadal 'i ôl arno fo.
Ro'dd pobol y pentra i gyd wedi mynd ac eithrio un
teulu. Roeddan nhw wedi aros ar ôl i redag 'u busnas –
busnas *estaminet* a Red Lamp. Doedd dim cwestiwn nad
oeddan nhw'n 'i gneud hi'n iawn gan fod digon o drŵps
yn mynd a dŵad y ffordd honno'n wastad, ac ro'dd yn
amlwg 'u bod nhw'n benderfynol o ddal 'u gafa'l yn y
lle i'r funud ola.

I mewn â ni. Prin ro'dd 'na le i ni sefyll – Saeson,
Gwyddelod, Sgotsmyn – ro'dd y cwbwl yno; ac rŵan

dyma o leia ddau Gymro'n 'u canol nhw. Mi dynnon dipyn o sylw aton 'n hunain yma eto oherwydd 'n cyflwr, ond wedi i ni ddeud peth o'n hanas mi ddechreuodd hwn a'r llall gario i ni beth bynnag oeddan ni'n 'i ddewis.

Ro'dd grisia'n arwain o'r stafall yma i'r llofftydd, ac ar hyd y grisia, o'r top i'r gwaelod ro'dd ciw o ddynion o bob cenedl dan haul faswn i'n meddwl. Ro'dd 'na hyd yn oed *Chink* yn 'u plith nhw – hen sgaflog mawr melyn a seimllyd. Busnas gwaradwyddus o'dd hwn pan feddyliwch chi am y peth. Dim ond un enath o'dd yn y lle, ac fel ro'dd un dyn yn dŵad allan o'r stafall wely ro'dd un arall yn mynd i mewn, ac felly o hyd. Ro'dd y *Chink* ar ben y grisia, a phan ddoth 'i dro mi gafodd yr un derbyniad â phawb arall – ro'dd croeso i bawb o'dd gin bedair ffranc i dalu. Wrth gwrs fedra lle fel hyn ddim para'n hir achos cyn gynted ag y dôi H.Q. i wbod mi fydda 'na gerdyn *out of bounds* yn y ffenast, er mwyn diogelu iechyd y dynion. Mi wydda'r perchennog hynny, a'i symudiad nesa fo fydda codi'i bac a dechra o'r newydd yn rhywla arall. Wedi i ni fod yn yfad am sbel mi welan y *Chink* yn dŵad i lawr y grisia a'r enath, mewn rhyw goban dena a thynn, yn dilyn wrth 'i gwt o. Mi a'th hi y tu ôl i'r bar i ddeud rhywbath wrth y perchennog ac mi a'th ynta wedyn i ddeud wrth weddill y criw fod yr enath wedi darfod 'i busnas am y diwrnod hwnnw. Mi ddechreuodd fynd yn helynt ar unwaith, ond doeddan nhw ddim haws â phrotestio ac yn raddol mi ddeuthon i lawr i'r stafall i ailddechra yfad.

Yn y cyfamsar ro'dd Meic wedi bod wrthi'n brysur yn trio ca'l 'i ddwylo ar dipyn o arian. Mi gafodd gwsmar i'r rifolfar Jeri am ddeunaw ffranc, ac ro'dd y gwin coch yn llifo'n rhwydd. Doedd dim howld arno fo na Chopper, a waeth i mi fod yn onast – doeddwn i fawr gwell fy hun. Mi werthis inna fy rifolfar ac mi wnes yn well na Meic – mi ges ugian ffranc. Mwy o win. Be o'dd yr ots? Hwyrach y byddan ni wedi marw i gyd erbyn fory!

'Why worry? God save the king! Blow the Jerries!' medda Chopper.

'Cymru am byth! Hen wlad fy nhada myn yffarn i!' medda Meic ar dop 'i lais.

Cyn gyntad ag y dalltodd y lleill mai Cymro o'dd o doedd na byw na marw na fasa fo'n canu iddyn nhw. Ma'r Saeson yn meddwl fod pob Cymro'n medru canu.

'Come on, Taff – give us a song!' meddan nhw ar draws 'i gilydd.

Ac yn wir i chi mi a'th Meic i lawr i'r ffrynt at ryw Wyddal o'dd newydd orffan chwara'r 'Londonderry Air' ar 'i fowth organ. 'Give me "C", Paddy,' medda fo gan gymryd llwnc helaeth o win a thynnu'i helmet fel arwydd o barch i'w gynulleidfa. Tydw i ddim yn meddwl y gwydda'r cr'adur y gwahaniaeth rhwng 'C' a iâr ddŵr. Waeth i chi p'run, mi ddringodd i ben y cowntar, ac mi waeddodd rhywun i ofyn o'dd o isio benthyg rasal, ond amharodd hynny dim arno fo ac mi ddechreuodd ganu 'Ar Hyd y Nos' ar y geiria:

Hen wraig bach yn sâl isio pennog
   Ar hyd y nos,
Pennog yn y drws a'r drws yn agorad
   Ar hyd y nos.

Roeddwn i wedi synnu 'i glywad o – wyddwn i ddim 'i fod o cystal lleisiwr. Y syndod mwya o'dd iddo fo fedru dal ar 'i draed tan y diwadd. Chafodd neb erioed encôr mwy unfrydol, ac wedi gofyn am 'C' unwaith eto a cha'l llwnc arall o win mi ddechreuodd ganu 'Dafydd y Garreg Wen' yn y modd mwya dagreuol nes i mi feddwl y basa fo'n torri i lawr i grio cyn 'i diwadd hi. Ond ro'dd gynno fo wrandawyr fedra werthfawrogi angerdd 'i ganu o, ac mi ddangoson hynny trw' gario digon o ddiod a'i osod o ar y cowntar wrth 'i draed o. Erbyn y diwadd ro'dd hi wedi mynd yn siop siafins, a phan oeddan ni'n hel 'n hunain at 'n gilydd i fynd allan mi ffeindiodd Chopper fod 'i reiffl o ar goll er iddo fo 'i roi o hefo'n rhai ni y tu ôl i'r drws. Doedd hynny'n poeni dim ar Chopper – 'Llai o waith cario o gymaint â hynny,' medda fo, 'a ph'run bynnag matar bychan iawn fydd dŵad o hyd i un arall.'

Gyda'n bod ni allan yn y stryd mi welan nifar o Redcaps yn sefyll ac yn gwylio'r cwmni'n gwahanu. Wrth gwrs ro'dd un olwg arnon ni'n ddigon i godi'u haelia nhw ac mi ddeuthon yn syth ar draws i'n holi ni. Wyddoch chi be? Fedra 'run ohonon ni gofio enw'r lle roeddan ni i fod i fynd iddo fo. Ond ddaru nhw ddim boddro, dim ond deud wrthan ni am fynd yno gynta medra ni. Ma'n debyg 'n bod ni islaw 'u sylw nhw. Mi gychwynnon i lawr y ffordd, ac roeddan ni'n rhyw ama na toeddan ni ddim yn bell iawn o'r camp erbyn hyn, ond feiddia ni ddim riportio yn y stad honno. Y peth gora felly o'dd ista i lawr ar ochor y ffordd i sobri. Ro'dd y gwin yn ca'l 'i effaith arnon ni, a chyn pen dim mi syrthion i gysgu ar y glaswellt.

Dwn i ddim am faint y buon ni'n cysgu, ond pan ddeffris i ro'dd 'y mhen i fel tasa rhywun wedi'i daro fo hefo bwyall. Roeddwn i'n wlyb at fy nghroen, a doedd dim rhyfadd – ro'dd hi'n tresio bwrw, ond doedd gin i ddim syniad ers pryd. Mi drois i edrach ar y ddau arall. Dyna lle'r oeddan nhw'n cysgu'n sownd fel tasa nhw heb ofal yn y byd. Y peth nesa glywn i o'dd sŵn traed ceffyla, ac mi ddeffris y ddau arall ar unwaith. Mi ddoth 'na limbar i'r golwg yn ca'l 'i dynnu gin ddau geffyl, a dim ond y dreifar arno fo. Mi stopion o, ac er mawr syndod i ni un o'n bataliwn ni o'dd o. Chafodd o ddim cyfla i ddeud wrthan ni am neidio i fyny, a ffwrdd â ni i gyfeiriad y camp.

'Faint o ffordd sy gynnon ni eto?' medda fi wrth y dreifar.

'O, dim ond rhyw bum milltir,' medda fo. 'Ma nhw wedi gosod y tentia 'n barod, ond fydd yr hogia ddim yn cyrra'dd tan y bora.'

'Faint ydi hi o'r gloch felly?'

'Tua dau.'

'Duwc annw'l,' medda fi wrth Meic, 'ma'n rhaid 'n bod ni wedi gorwadd yn y fan yna'n hir.'

Ond doedd Meic ddim mewn hwyl siarad o gwbwl.

Doedd y reid ddim yn dygymod â fo, a mi fuo'n rhaid i'r dreifar stopio ddwywaith ar y ffordd.

Mi gyrhaeddon y camp rywdro tua thri o'r gloch ac mi ddangosodd y dreifar i ni p'run o'dd tent y *Quartermaster Sergeant* – os meiddian ni 'i ddeffro fo.

'Mi deffra i o, raid i chi ddim poeni am hynny,' medda Meic – ro'dd o'n teimlo'n well rŵan. 'Pwy ddiawl sy'n mynd i sefyll o gwmpas mewn dillad gwlybion weddill y nos?'

Mi euthon at y tent a sefyll y tu allan am funud i gysidro sut y bydda hi ora i ni 'i gyfarch o.

'Ydach chi i mewn, syr?' medda fi mewn llais reit gyfeillgar. Dim atab.

'Ydach chi i mewn, syr?' medda fi wedyn, yn uwch y tro yma.

'Pwy sy 'na?' medda llais cysglyd o'r tu mewn.

Mi ddeudon ni pwy oeddan ni gan ddal i sefyll y tu allan.

'O, ia – tri ohonoch chi? "C" Company? Reit, cerwch i unrhyw un o'r tentia yn y rhes gynta o'r gwrych. Mi fydd y lleill i mewn tua hannar awr wedi pump.'

'Beth am blancedi?' medda Meic mewn llais braidd yn awdurdodol. Mi ddeffrodd y 'Q' yn iawn pan glywodd o hynny ac mi ddechreuodd 'n rhegi ni i'r cymyla.

'Blancedi?' medda fo. 'Mi ro' i blancedi i chi 'radag yma o'r nos! Cerwch i uffarn cyn i mi ddŵad allan atoch chi.'

Mi euthon ninna – nid i'r lle y deudodd o wrthan ni er y basan ni'n medru gneud hefo tipyn o wres – ac mi agoron fflap y tent gynta y deuthon ni ati hi. Ro'dd gwellt glân wedi'i daenu dros y llawr a rhyw hannar dwsin o blancedi yn 'u plygiad wedi'u gosod yn bentwr taclus yn y canol. Mi danion ddwy ne' dair o fatsys i weld be oeddan ni'n neud, ac wedi cau'r fflap yn dynn a helpu'n hunain i ddwy blancad bob un mi suddon i mewn i'r gwellt fel cathod mewn tas wair.

Cyn gyntad â'n bod ni wedi cysgu mi gawson 'n deffro gan sŵn mynd a dŵad a gweiddi y tu allan. Ro'dd hi fel Ffair Borth yno, ac mi wyddan fod y fataliwn wedi cyrradd.

'Sixteen to a tent! Come on, move!' medda rhyw lais fel taran.

'Un ar bymthag! Druan ohonyn nhw!' meddwn i wrtha f'hun gan droi drosodd i ailgysgu. Ar y gair dyma fflap y tent yn ca'l 'i agor a dyna'r pryd y sylweddolon ni mai tent wedi'i chadw'n sbesial i'r pedwar C.S.M. a dau sarjant o'dd hi. Mewn llai na munud roeddan ni allan ar y clwt hefo'n reiffl yn un llaw a'n sgidia'n y llall. Doedd dim i'w neud wedyn ond mynd o'r naill dent i'r llall fel plant amddifad gan ddisgwl y basa rhywun yn cymryd trugaradd arnon ni. Ond gan fod un ar bymthag ym mhob un doedd neb yn awyddus i gymryd tri arall. Fodd bynnag, mi gawson fynd i mewn i un o'r diwadd ac mi orweddon i lawr, nid ar wellt y tro yma ond ar y ddaear galad. Wel, ro'dd hi 'run fath i ni ag i'r lleill, ac roeddan ni'n medru cadw'n weddol gynnas wrth fod cymint ohonon ni'n cysgu ar gefna'n gilydd bron.

Am wyth o'r gloch mi a'th pawb allan i nôl brecwast – darn bychan o bysgodyn, tuniad o de, a dim bara. Gan nad o'dd gynnon ni na *mess tin* na chaead o fath yn y byd mi gawson y pysgodyn yn 'n dwylo. Mi ofynnon i'r bachgan o'dd yn rhannu'r te fasa fo'n gadal digon i dri yng ngwaelod y bwcad wedi i bawb arall ddarfod. Chwara teg iddo fo, mi ddoth â'r bwcad i ni ar y diwadd ac mi gawson gegiad bob un er fod 'no fwy o ddail nag o de. Newydd ddŵad drosodd ro'dd y lot yma ac roeddan nhw'n lân ac yn smart, a'u botyma a'u sgidia nhw'n sgleinio. Mi ddechreuon 'n holi ni ar unwaith – sut y cawson ni'n hunain i'r fath stad? Pryd y cawson ni siêf ddwetha a phob math o gwestiyna tebyg. Doedd gin y cr'aduriaid bach ddim syniad be oeddan ni wedi bod drwyddo fo, ac y bydda'n rhaid iddyn nhw'tha, mae'n debyg, fynd drwyddo fo cyn y diwadd. Y fath wahaniaeth o'dd rhyngddon ni a nhw – hefo'n carpia lleidiog, 'n sgidia wedi 'u gwisgo allan a'n wyneba dan drwch o farf. Doedd ryfadd 'u bod nhw'n gofyn cwestiyna.

Er 'n bod ni hefo'n bataliwn 'n hunain doedd 'na ddim cymint ag un yn 'u plith nhw o'r rhai y deuthon ni allan hefo nhw. Rydw i'n cofio fel y doth geiria Ceiriog i 'meddwl i – lle ma fo'n sôn am fugeiliaid newydd ar hen fynyddoedd – a dyna ddeudis i wrth Meic:

> Ond wyneba newydd sy
> Yn yr hen fataliwn hon.

'Ia,' medda fynta, 'wyneba newydd – a thri o rai hen a hyll ddiawledig yn 'u mysg nhw.'

Hawdd iawn i ni o'dd deall hyn. Ro'dd y fataliwn wedi 'i gneud i fyny o'r newydd. Wrth edrach arnyn nhw mi gofies drachefn am y fatl fawr yn y cae ŷd hwnnw pan dorrodd Jeri drwodd yn Armentières. Yn y fan honno y cafodd yr hen fataliwn 'i hambygio. Mi a'th 'na dros ddwy fil o ddynion i'r cae y diwrnod hwnnw a phan alwyd y rôl rai dyddia'n ddiweddarach dim ond ryw hannar cant atebodd 'u henwa – a neb o 'C' Company. Mi ddallton wedyn mai ni'n tri o'dd yr unig rai ddoth odd'no'n fyw.

Ar ôl brecwast mi euthon i riportio i'r *sergeant major.* Pan welodd o ni ddeudodd o 'run gair am funud, dim ond syllu fel tasa fo wedi gweld drychiolaeth; yna mi estynnodd y llyfr record a rhedag 'i fys i lawr y rhestr.

'Be oeddach chi'n ddeud o'dd ych enwa chi? Roberts, Lloyd a Wood?'

Toc, mi gododd 'i ben ac edrach i fyw'n llygaid ni.

'Rydach chi'ch tri wedi'ch riportio'n *missing, believed killed,*' medda fo.

Mi holodd ble roeddan ni wedi bod yr holl amsar, ac mi ddeudon ninna'r hanas wrtho fo.

'Ysgwn i ble'r oedd *o* pan ddoth Jeri drosodd,' medda Meic yn ddistaw yn 'y nghlust i. Ond mi gwelodd y brawd o er na ddalltodd o 'run gair.

'Be sy'n bod? W't ti isio gofyn rhywbath?' medda fo.

'Meddwl tybad fasa chi'n medru gneud ryw sifft i ni ga'l bwyd roeddan ni,' medda Meic. 'Chawson ni ddim i'w fyta er bora ddoe.'

'Y peth gora fedra i neud hefo chi ydi mynd â chi at y captan,' medda fo.

'Mhen chydig funuda roeddan ni'n sefyll *to attention* o flaen Captain Lee. Dwn i ddim p'run 'ta fo ynta ni o'dd wedi'n synnu fwya. Y tro dwetha i ni 'i weld o o'dd pan ddoth o heibio hefo'i was i ddeud wrthan ni am neud 'n gora ar ôl i Jeri dorri drwodd, ac roeddwn i'n cofio'r olwg ola ges i arno fo'n cerddad yn herfeiddiol i lawr y lein trw' ganol y bwledi. Mi holodd 'n hanas ni ac ar y diwadd mi sgydwodd 'i ben a gwenu fel tasa fo'n methu credu. Yna mi drodd at y *sergeant major*:

"Morolwch 'u bod nhw'n ca'l bwyd i ddechra,' medda fo, 'ac yn y pnawn mi gân' fynd i lawr ar un o'r limbars i ga'l dillad a gêr newydd.' Mi ddeudodd wrtho fo fod popeth yn iawn ac y câi o fynd. Wedi ca'l cefn y *sergeant major* mi ddeudodd wrthan ni am ista i lawr ac mi ddechreuodd sgwrsio hefo ni fel tasa fo'n ddim ond preifat cyffredin. Ro'dd o isio gwbod be ddigwyddodd yn y fan a'r fan, a sut yn y byd y medron ni ddengid i ffwrdd odd'wrth y ffordd haearn honno. Pan ddeuthon ni at 'n hanas yn saethu'r pum Jeri o ffenast y tŷ ffarm ro'dd 'i lygaid o'n pefrio.

'Go dda,' medda fo, 'mi faswn i wedi leicio bod hefo chi'n iawn.'

Mi ddeudon y cwbwl wrtho fo . . . wel, bron y cwbwl – thala hi ddim i ddeud gormod hyd yn oed wrtho fo. Wedi dŵad allan roeddan ni'n dweud wrth 'n gilydd hen foi mor nobl o'dd o – dyn call a thipyn o waelod yn'o fo. Mi fasan yn gneud unrhyw beth iddo fo, ac yn 'i ddilyn o drw' ddŵr a thân.

Pan gyrhaeddon ni'r *cookhouse* ro'dd popeth yn barod ar 'n cyfar ni, a'r *sergeant major* yn sefyll wrth y bwrdd fel stiward gosod i sicrhau fod popeth yn iawn. Roeddan ni'n meddwl ar y pryd – y fath wahaniaeth pan ma dyn mewn ffafr! Ac roeddan ni'n digwydd bod ar yr ochor iawn y tro yma – fuo'n llygaid ni 'rioed mor leision. Mi gawson dorth gyfa bob un, llond pot o jam a dau baced o sigaréts, ac ro'dd 'na dun o bwli bîff i ni os leician ni. Tasa ni'n y lein mi fasa'n rhaid i'r rasion yma neud rhwng wyth ne' naw o ddynion.

Y noson honno roeddan ni'n tri mewn dillad newydd sbon, a phopeth arall yn newydd hefyd fel tasan ni'n yr armi y diwrnod cynta. Mi gawson dorri'n gwalltia a'n siefio'n lân. Ond y peth gora gawson ni o'dd pae. Fel sowldiwrs call, roeddan ni wedi gofalu fod 'n llyfra pae ni ar goll – roeddan nhw'n cario gormod o gleps. Ryw *second lieutenant* ifanc o'dd yn talu y noson honno, ac ro'dd gynno fo bentwr o arian ar y bwrdd o'i flaen. Fel rheol rhywla rhwng deg a phymthag ffranc fydda pob sowldiwr yn 'i ga'l, ond os bydda rhywun isio codi chwanag mi fydda'n rhaid iddo fo sefyll o'r neilltu tan y diwadd i ga'l gweld fydda 'na bres yn sbâr. Wrth nad o'dd gynnon ni ddim llyfr mi arhoson tan y diwadd. Pan ddoth 'n tro ni mi a'th Meic i fyny at y bwrdd, mi saliwtiodd â'i wynab fel sant, ac yna mi ofynnodd yn wylaidd am drigian ffranc. Mi edrychodd yr offisar i fyny fel tasa fo heb glywad yn iawn.

'Tyrd i mi weld dy lyfr pae di,' medda fo.

'Sori, syr,' medda Meic, 'mi cafodd Jeri o'n y sgyffl ddwetha.'

Esgus da o'dd hwnnw – mi weithiodd bob tro – ac mi gafodd Meic 'i drigian ffranc a llyfr newydd. Fedra Chopper a finna ddim methu wedyn, ac mi gawson ninna'r un fath. Yn syth ar ôl y parêd mi euthon i lawr i'r pentra ac i'r *estaminet*, ond doeddan ni ddim yn mynd i yfad hen stwff coman fel *vin blonk* – siampên o'dd hi'r noson honno.

Ben bora drannoeth ro'dd pawb ar parêd. Parêd o'dd hwn i gyhoeddi parêd pwysicach am hannar awr wedi naw. Wedi i'r corp'rals a'r sarjants fwrw golwg drostan ni mi ddoth Captain Lee i sefyll o'n blaena ni a phapur yn 'i law. Mi gyfeiriodd at y parêd mawr a rhybuddio pawb i fod ar 'i ora gan fod y C.O. yn dŵad i'n gweld ni. Mi awgrymodd y bydda gynno fo rywbath sbesial i'w ddeud wrthan ni. Yna mi ddarllenodd y papur – un eitem yn unig ar Ordors y Dydd – dyrchafiad. Private Wood, C., i fod yn gorp'ral, ac i aros i ofalu am 'i blatŵn 'i hun – y nawfad.

'Dis-miss!'

'Duw a'n helpo ni rŵan!' medda fi wrth Meic. 'Chopper yn gorp'ral! Pan glywan nhw'r newydd yn Berlin mi fyddan yn lluchio'r tywal i mewn ar unwaith ac yn crefu am heddwch!'

Ro'dd Chopper yn sefyll yn ymyl ac yn gwenu fel giât.

'Be 'di'r matar arnoch chi'r diawlad?' medda fo. 'Raid i chi ddim bod mor sbeitlyd. Nid dyma'r tro cynta i mi ga'l fy ngneud yn gorp'ral – dyma'r pumad tro – ond rhaid i mi drio dal fy ngafa'l yn'i hi'r tro yma os medra i.'

'Pum gwaith?' medda fi – braidd yn amheus.

'Ia, pum gwaith,' medda fo, 'ond ro'dd rhywbath yn digwydd bob tro ac fel roeddwn i'n ca'l y streips roeddwn i'n 'u colli nhw wedyn. Mi fedris 'u dal nhw am chwe mis unwaith.'

Am hannar awr wedi naw ro'dd yr holl fataliwn ar parêd a Chopper yn 'i sgwario hi wrth ochor 'i blatŵn â dwy streipan newydd ar 'i fraich o. Wedi llawar o saliwtio a chrafu pen ôl ro'dd y gŵr mawr yn barod i ddechra ar 'i bregath. Tydw i ddim yn cofio, wrth gwrs, be ddeudodd o i gyd, ond mi bwysleisiodd fod y diwrnod hwnnw'n ddiwrnod arbennig iawn yn hanas y fataliwn gan fod gynno fo nifar o fedals a decoresions i'w rhannu – medals wedi 'u hennill am ddewrder mawr yn wynab y gelyn pan dorrodd o drwodd yn Armentières. 'Fy hun,' medda fo, 'rydw i'n ca'l y D.S.O.,' ac mi a'th yn 'i flaen i ddeud fod Major hwn a hwn, a Chaptan hwn a'r llall yn ca'l y D.S.O. ne'r M.C. Ro'dd 'na fedal i bob *sergeant major* a sarjant ac i ryw ddau ne' dri o gorp'rals a phreifats – gweision yr offisars o'dd y preifats. Mi deimlwn fy ngwaed yn berwi yn fy ngwythienna i, ac mi welwn Jock druan – er nad o'dd o'n perthyn i'n criw ni – a'r hogia adawson ni ar ôl yn y cae ŷd a thu ôl i'r ffordd haearn. Doedd 'na ddim medals iddyn nhw. Mi orffennodd 'i druth drw' ddeud fod y fataliwn, oherwydd 'i gwrhydri – hy! gwrhydri pwy? – yn ca'l 'i thynnu o'r ffrynt ac yn mynd i rywla yn ne Ffrainc am dipyn o seibiant. Y pwt ola o'dd y peth calla ddeudodd o. Wedi'n rhyddhau o'r parêd mi welwn fod y potas wedi codi cyfog ar Meic hefyd.

'Medals o ddiawl!' medda fo. 'Pwy sy heisio nhw? Nid y fi, bachan, na thitha. A welis di'r mwnci *sergeant major* 'na'n torsythu pan glywodd o'i enw? A fuo'r tinllach bach yn unlla'n agos i'r lein.'

'Hidia befo nhw na'u medals,' medda fi, 'hwyrach y cân' nhw gyfla i'w hennill nhw cyn y diwadd.'

Mi glywson rywun yn gweiddi fod y post wedi cyrradd, ac mewn chwinciad ro'dd pawb fel bytheuaid o gwmpas y postman. Pedwar llythyr i mi a thri i Meic! Teimlad rhyfadd – a braf iawn – o'dd ca'l llythyr yn fy llaw unwaith eto, a gweld f'enw arno fo – y pedwar yn yr un sgrifan. Mi faswn yn nabod sgrifan Mam ym mhen draw'r byd. Yr un negas o'dd yn y pedwar – 'Gobeithio bod chdi'n cadw'n iawn. Gwatsia ga'l annwyd, a chofia sgwennu'n fuan.' Mam druan, tasa hi 'mond yn gwbod yr hannar mi fasa wedi dŵad yno bob cam i gadw chwara teg i mi. Roeddwn i'n falch yn 'y nghalon i mi sgwennu'r llythyr hwnnw iddi hi ac yn gobeithio'i bod hi wedi 'i ga'l o erbyn hynny. Mi ddeudodd y postman fod 'na barsal i mi hefyd os leiciwn i fynd hefo fo i'w nôl o; ro'dd o gynno fo yn y dent ers pythefnos, medda fo. Pan welis i'r parsal mi ges dipyn o siom. Ro'dd o'n bob siâp fel tasa fo wedi'i luchio o gwmpas a'i sathru gin bawb. Wedi'i agor o mi welwn mai bara brith a chydig o gacenna cartra o'dd Mam wedi'u gyrru i mi, ond erbyn hyn doeddan nhw'n ddim ond briwsion. Ro'dd 'na hefyd dun o apricots a phaced o sigaréts ac ro'dd rheini wedi cadw'n iawn. Yn y gwaelod, wedi 'i bacio ar wahân ro'dd 'na dun o bowdwr lladd llau.

'Be w't ti'n feddwl neud hefo hwnna?' medda Chopper. Pan ddeudis i wrtho fo mi chwarddodd lond 'i fol.

'Paid â thwyllo dy hun, 'ngwas i,' medda fo, 'tydi o'n ca'l dim effaith o gwbwl ar lau Ffrainc – dim ond 'u ffidio nhw. Mi wn i am *chap* roth beth o'r stwff yna mewn bocs matsys a hannar dwsin o lau hefo fo, a phan agorodd o'r bocs 'mhen wsnos prin ro'dd o'n 'u nabod nhw – roeddan nhw wedi altro cymint.'

Ro'dd pawb yn rhydd am weddill y diwrnod. Sôn am gamblo! Ro'dd hi fel Monte Carlo yno – Crown and Anchor, housie-housie, nap, brag, pontŵn – a dau Gocni – bwcis oeddan nhw cyn y rhyfal – yn cymryd bets ar ddwy leuan yn cropian rhwng dwy goes matsan. Erbyn y pnawn ro'dd Meic a Chopper wedi agor busnas rhyngddyn ac yn tynnu'r cwsmeriaid i mewn yn lluoedd. Roeddwn i'n synnu'n arw gweld Chopper yn mentro felly achos ro'dd hi'n bechod anfaddeuol i N.C.O. redag busnas gamblo a chymryd pres gin breifats.

'Mi fasa'n biti iddo fo golli'i streips y diwrnod cynta fel hyn,' medda fi wrth fachgan o'dd yn sefyll yn f'ymyl i, ac mi safodd rhai ohonon ni o'r neillatu i gadw lwc owt.

Felly y buo hi drw'r dydd ar wahân i ddwy egwyl yn ystod y prydia bwyd. Wedi iddi dwyllu mi roison y gora iddi ac mi euthon i lawr i'r pentra. Gyda'n bod ni wedi setlo'n hunain yn un o'r *estaminets* mi ddoth y bwrdd Crown and Anchor allan wedyn, ac yno y buon ni'n gamblo ac yn yfad tan oria mân y bora.

Yn gynnar drannoeth ro'dd pawb wrthi'n brysur yn hel 'i bac yn barod i gychwyn i 'wlad yr addewid'. Mi gerddon ryw chwe milltir nes dŵad i bentra bach tawal a thlws heb greithia rhyfal o gwbwl arno fo. Ro'dd 'na fflyd o loris yn 'n disgwl ni'n y fan honno, ac wedi i bawb gymryd 'u lle i ffwrdd â ni dan chwerthin a chellwair fel trip ysgol Sul yn cychwyn am Landudno. Ro'dd pob milltir rŵan yn mynd â ni ymhellach o ffosydd uffarn a sŵn y gynna, ac yn nes i baradwys. Mi basion drw' dre fechan, a'r hyn trawodd i o'dd gweld y bobol yn cerddad yn hamddenol o bobtu'r stryd, a'r merched hefo'u basgedi'n siopa fel tasan nhw heb glywad sôn am y rhyfal. Ro'dd y peth fel breuddwyd a fedrwn i ddim dŵad drosto fo, ac rydw i'n cofio gofyn i mi fy hun – tybad fuo fi drw'r fath Gehenna – ynta ryw hunlla ofnadwy o'dd y cyfan?

Mi ddoth y loris â ni i ben 'n siwrna ac mi gawson 'n rhannu'n bartïon i fynd i gysgu i wahanol lefydd. Mewn sgubor fechan y landion ni, ac ro'dd 'no ddigonadd o wellt glân i'n cadw ni'n gynnas a chyfforddus a chlywson ni ddim smic drw'r nos. Doedd 'na ddim parêd go iawn drannoeth ond mi leiniodd pawb i fyny tua naw o'r gloch i atab 'i enw. Dew! ro'dd o'n fywyd braf – ca'l bod yn rhydd i gerddad o gwmpas heb boen na phrydar, heb yr un Jeri o fewn milltiroedd i ni, ac heb orfod cario reiffl na mwgwd hefo ni i bobman. Rydw i'n cofio tywydd mor braf o'dd hi, y caea'n glasu a bloda'r gwanwyn yn 'u gogoniant a'r gwrychoedd yn ddigon o bictiwr o dan gwrlid o floda drain gwynion. Hwyrach mai rhyw ffansi gwirion ddoth drosta i i beri i mi feddwl fod yr adar hefyd yn canu 'u gora i'n croesawu ni.

Wedi cerddad dipyn pellach mi ddeuthon at afon fechan yn rhedag ar draws y dolydd. Ro'dd hi'n reit ddofn a'i dyfroedd hi'n glir fel grisial nes roeddan ni'n medru gweld y graean ar y gwaelod. Mi welson hefyd fod brithylliaid yn heigio yn'i hi. Roeddan nhw'n codi'n lluo'dd at y gwybed gan adal cylcho'dd ar wynab y dŵr ym mhobman. Mi ddoth i 'meddwl i – tybad sut y basa rhain yn cymryd at goch-y-bonddu ne' betrisan corff gwin? Ond doedd waeth i mi heb â meddwl a 'ngenwa'r *split cane* i adra'n y rŵm ffrynt. Ro'dd 'na naid ardderchog ar y pryd a finna'n gorfod sefyll i edrach arnyn nhw heb fedru gneud dim ond breuddwydio a dyheu am yr amsar y cawn i sgota pluan yn Afon Hwch unwaith eto.

Ro'dd y brithylliaid yn pryfocio cryn dipyn ar Meic a Chopper hefyd, ond syniad arall o'dd yn rhedag drw'u meddylia nhw. 'Tasa'n bosib ca'l gafa'l ar ddwy ne' dair Mills,' medda Meic. Fel pob sgotwr iawn roeddwn i'n ffieiddio'r fath syniad anwaraidd, ac mi ddeudis na faswn i'n dragywydd yn 'mostwng mor isal. Mi fasa'n llawar haws gin i chwythu dipyn o Jeris i fyny. Yn ôl â ni i gyfeiriad y sgubor ac mi a'th Meic a Chopper i edrach fasan nhw'n medru dŵad o hyd i ryw fath o rwyd i ddal y pysgod. Mi gawson afa'l ar hen rwyd *camouflage* yn rhywla. Roeddwn i'n ddigon bodlon i chwara 'mhart yn y gêm honno. Mi euthon yn ôl at yr afon, ac wedi gosod cerrig yng ngwaelod y rhwyd mi neidiodd Chopper drosodd i'r ochor arall mewn lle go gul yn yr afon. Wedi iddyn nhw ga'l y rhwyd i'w lle mi es inna i fyny'r afon ryw ddeugian llath hefo polyn hir i styrbio'r dŵr. Pan euthon ni ati i godi'r rhwyd mi wyddan wrth 'i phwysa hi'n bod ni wedi ca'l helfa dda, a chyn pen chydig funuda ro'dd 'na gryn ddwsin o'r brithylliaid neisia welsoch chi 'rioed yn gwingo ar y glaswellt. 'Rargian! roeddan nhw'n bysgod nobl – tipyn g'leuach 'u lliw na'r brithylliaid welwch chi'r ffordd yma – mi faswn i'n deud mai *rainbow trout* oeddan nhw.

Fel roeddan ni'n plygu'r rhwyd i fyny pwy landiodd yno ond y ffarmwr o'dd pia'r tir. Mi ddechreuodd luchio'i freichia o gwmpas a dawnsio rownd y pysgod gan fwrw melltithion ar 'n penna ni. Wedi ca'l y cwbwl odd'ar 'i frest mi gerddodd i ffwrdd yn fân ac yn fuan i gyfeiriad y pentra.

'Rŵan amdani!' medda Meic. 'Heliwch y petha at 'i gilydd ac mi heglwn ni hi gynta medrwn i.'

Mi roison y pysgod yn y rhwyd a chyn pen deng munud roeddan ni'n ôl yn y sgubor. Matar bychan wedyn o'dd i Corporal Wood sgwario'r corp'ral o'dd yn gofalu am y *cookhouse*. Mi ddeudodd hwnnw y basa fo'n 'u llnau nhw ar unwaith a'u ffrio yn un o'r padelli mawr erbyn swpar – ar y ddealltwriaeth 'i fod o'n ca'l cadw un ne' ddau iddo fo'i hun. Y noson honno mi gawson swpar anfarwol. Ro'dd y cig yn binc ac yn dendar – mi wydda'r corp'ral hwnnw sut i ffrio pysgod. Roeddan nhw mor flasus nes i ni benderfynu mynd yn ôl am chwanag y diwrnod wedyn.

Naw o'r gloch bora drannoeth roeddan ni i gyd ar parêd. Pan ddoth y captan i'r golwg mi ges ryw deimlad na toedd popeth ddim yn iawn, ond mi feddylis wedyn mai cydwybod euog o'dd yn 'y mhigo i. Fodd bynnag, fuo raid i ni ddim disgwyl yn hir cyn ca'l gwbod y gwaetha.

'Corporal Wood, Private Roberts and Private Lloyd, fall out!'

Mi gawson 'n martsio i lawr i'r H.Q. gan un o'r sarjants i ddisgwl nes dôi'r captan yno ar 'n hola ni. Bwthyn bychan ar ochor y ffordd o'dd yr H.Q. ac wedi i ni gyrradd yno mi ddechreuodd Chopper sgwrsio hefo'r sarjant gan 'i fod o'n edrach yn hen foi go hawddgar.

'Oes gynnoch chi ryw syniad be sy'n bod?' medda Chopper fel tasa fo mewn dryswch mawr.

'Dwn i ddim yn iawn,' medda'r sarjant, 'fedra i neud pen na chynffon ohoni, ond mi ddoth 'na ryw hen *Froggy* yma ddoe i ddeud 'i fod o wedi dal tri sowldiwr yn rhwydo'i afon breifat o, a'i fod o wedi colli hannar 'i ieir a rhai o'i wningod y noson gynta y doth y fataliwn i'r pentra.'

Mi gyrhaeddodd y captan ac mi gawson 'n martsio i mewn. Wedi clywad 'n stori ni − a neuthon ninna ddim gwadu na chelu dim − mi ddeudodd y drefn yn hallt wrthan ni, ond heb fod yn rhy gas. Mi coeliodd ni pan ddeudon ni na wyddan ni ddim am yr ieir na'r gwningod, ond mi bwysleisiodd mai 'i ddyletswydd o a phob sowldiwr arall o'dd amddiffyn eiddo'r bobol. Yna mi drodd at Chopper:

'Corporal Wood,' medda fo, 'ma'n ddrwg gin i, ond rydan ni'n disgwl gwell 'siampl odd'wrth gorp'ral, felly ma arna i ofn y bydd yn rhaid i mi dy stripio di, ac mi fyddwch ych tri'n colli pythefnos o bae.'

Wedi dŵad allan roeddan ni'n cytuno i ni ddŵad allan ohoni hi'n go lew. Doedd Chopper yn poeni dim 'i fod o'n colli'r streips. Am wn i nad o'dd o'n reit falch o ga'l 'madal â'r cyfrifoldab.

Lawar gwaith yn ystod y dyddia nesa y buon ni'n meddwl am y brithylliaid yn yr afon, ond feiddien ni ddim mynd yno wedyn. Mi dreulion bedwar diwrnod cyfa'n y pentra hwnnw – pedwar diwrnod o orffwys a heddwch yng nghanol y rhyfal. Ond ar fora'r pumad dydd mi fuo'n rhaid i ni godi'n pac a martsio milltiro'dd i'r stesion agosa. Yno mi gawson 'n byndlo fel arfar i drycia gwartheg, a ffwrdd â ni am y ffrynt unwaith eto.

9

MI DDOTH enwa llawar o leoedd yn Ffrainc yn adnabyddus yn y wlad yma oherwydd y brwydro mawr fuo yno. Ma pob un ohonyn nhw'n dŵad ag atgofion chwerw i lawar teulu, ac ma clywad yr enw hwnnw'n 'u brifo nhw. Dyna chi Ypres – enw na fedra i mo'i ddiodda fo. Mi fydd rhyw ias yn mynd drwydda i bob tro y clywa i o. 'Weipars' oeddan ni'n 'i alw fo, ac ma'r enw'n 'i siwtio fo i'r dim – mi gafodd milo'dd lawar 'u weipio allan yn y fan honno. Mi ddeuda i wrthach chi be welis i yno.

Ro'dd petha'n edrach yn reit hyll yr adag honno, cyn i'r llanw droi. Rydw i'n cofio un noson dywyll a'r glaw yn dymchwal nes roeddan ni dros 'n ffera mewn dŵr a mwd a ninna ar 'n ffordd i fyny'r lein. Sôn am ogla! Ro'dd o'n ddigon i'ch taro chi i lawr. Nid yn unig ro'dd y llaid yn drewi ond ro'dd 'no filo'dd o gyrff dan draed ym mhobman, yn ddynion a cheffyla. Ro'dd rhai ohonyn nhw wedi'u claddu ers tair blynadd ne' ragor, ac eraill newydd 'u lladd ac heb 'u claddu o gwbwl. Doedd 'na ddim mwy na rhyw droedfadd o bridd dros lawar o'r cyrff i ddechra ac ro'dd y siels wedi'u chwythu nhw i fyny ne'r glawogydd wedi'u golchi nhw i'r wynab. Peth cyffredin iawn o'dd gweld coes, braich, ne' ddarn o geffyl yn gwthio i fyny o'r ddaear. Rhwng y drewdod a phopeth, fel congol o uffarn y cofia i'r lle hwnnw tra bydda i byw.

Wel, y noson dan sylw, mynd i ryddhau rhyw fataliwn arall roeddan ni. Ro'dd 'na fatlo dychrynllyd wedi bod yn y rhan hwnnw ers dyddia a doedd 'na 'm ond dyrnad ohonyn nhw ar ôl. Welsoch chi 'rioed y fath olwg ar gr'aduriaid o ddynion – *total wrecks*, chwadal Chopper. Ac eto mi gawson ryw nerth sydyn o rywla i ddiflannu y tu ôl i'r leins y munud y cyrhaeddon ni. Mi gymron 'n lle yn y ffosydd – at 'n glinia mewn mwd. Doedd Chopper ddim yn ffansïo sefyll yn y dŵr ac mi a'th i led-orwadd ar y top. Ro'dd yn well gynno fo fentro ca'l bwlat yn 'i ben, medda fo, a doeddwn i ddim yn siŵr nad fo o'dd yn iawn hefyd. Fodd bynnag, mi newidiodd 'i feddwl pan ddechreuodd *machine guns* Jeri danio ac mi neidiodd i'r ffos gan ddisgyn fel brechdan ar 'i fol i ganol y dŵr budur nes ro'dd pawb arall hefyd yn 'lypach nag o'dd o gynt.

Yno y buon ni'n crynu drw'r nos heb fedru symud o'n hunfan i drio c'nesu tipyn. Ro'dd 'y nhraed a nghoesa i'n hollol ddiffrwyth ar ôl sefyll mor hir yn y dŵr. Yn y bora, pan 'leuodd hi mi ddeuthon o hyd i rywfaint o bwcedi ac mi euthon ati ar unwaith i drio sbydu'r ffos. Mi fuon wrthi fel nigars am dair awr ond ara iawn o'dd y dŵr yn mynd i lawr, ro'dd o fel tasa fo'n mynnu rhedag yn ôl o hyd. Fel roeddan ni'n nesu at y gwaelod ro'dd y drewdod yn cryfhau – math arall o ddrewdod rŵan, a gwaeth os o'dd hynny'n bosibl. Mi welson toc be o'dd yr achos. Ro'dd gwaelod y ffos wedi'i gorchuddio â thunia bwli bîff heb erioed 'u hagor, ond roeddan nhw wedi bod yno mor hir nes rhydu drwodd a byrstio. Mi daflon beth wmbrath ohonyn nhw dros y top, ond mwya'n y byd oeddan ni'n styrbio arnyn nhw cryfa'n y byd ro'dd yr ogla'n mynd. Dŵr, mwd a weiar bigog, dyna welan ni ym mhobman o'n cwmpas, a phawb a phopeth yn oer, gwlyb a llonydd – ac eithrio'r llygod mawr. Ro'dd 'na filo'dd o'r tacla anghynnas yn rhedag o gwmpas ac yn cario haint o le i le. Roeddan nhw'n byw ar y meirw ac ro'dd y mans arnyn nhw i gyd. Tuag amsar cinio (er na toedd 'na ddim cinio i ni) mi gododd yn boeth iawn ac mi a'th popeth i ogleuo'n saith gwaeth. Ro'dd 'y nghorn gwddw i ar dân, ond roeddan ni wedi yfad 'n siâr prin o ddŵr ers meitin ac mi wyddan na toedd dim siawns o gwbwl i ni ga'l diferyn arall nes iddi dwyllu gan fod llygad Jeri arnon ni.

Mi lusgodd yr oria heibio, a phan ddoth hi'n nos mi ddechreuodd Jeri ar 'i berfformans. Ond doedd waeth be ddigwydda ro'dd yn rhaid i ni ga'l dŵr o rywla. Mi yrrwyd dwsin ne' ragor ohonon ni i nôl rasions. Wedi rhyw chwartar milltir o gropian trw' ganol llaid, siels a bwlats mi gyrhaeddon y lle roeddan nhw'n dosbarthu'r rasions, ac mi gawson 'n llwytho hefo bara, potia o jam a dicsi llawn o reis. Tipyn yn anlwcus fuo Meic a finna'r tro yma – mi gawson focs mawr o *ammo* i'w gario rhyngddon. Ro'dd y sielio'n waeth, os rhywbath, ar y ffordd yn ôl, ac fel roeddan ni'n cerddad yn simsan ar hyd y plancia *duck boards* mi landiodd 'na siel yn 'n hymyl ni. Mi ollyngon bopeth a disgyn ar 'n hwyneba i'r mwd. Pan dreion ni godi'r bocs *ammo* wedyn mi welson 'i fod o wedi sincio i'r llaid. Mi lwyddon i'w godi o'r diwadd ond ro'dd o'n llawar trymach hefo'r holl fwd yn glynu wrtho fo.

'Damia fo!' medda Meic. 'Gad i ni ga'l gwarad â fo a thrio mynd yn ôl 'n hunain.' Ac mi taflon ni o i dwll siel a hannar 'i lond o ddŵr.

Ryw awr cyn iddi 'leuo mi gafodd Jeri blwc sydyn o wallgofrwydd ac mi'n sieliodd ni'n ddidrugaradd. Doedd hynny ddim yn beth diarth o gwbwl yr adag honno o'r bora. I neud petha'n waeth mi ogleuon *gas*, ac yn fuan iawn ro'dd yr awyr o'n cwmpas ni'n dew ohono fo a phawb yn gwisgo'i fwgwd. Ro'dd Jeri ar fin 'mosod. Mi fyrstiodd un siel yn y ffos ryw hannar canllath yn is i lawr, ac mi wyddan odd'wrth y sgrechiada a'r griddfan uchal i lawar ga'l 'u clwyfo, beth bynnag am 'u lladd. Gwaethygu ro'dd y *gas* o hyd, ac ro'dd y rhai o'dd yn dyheu am y nos chydig oria'n gynharach yn gweddïo am ola dydd rŵan. Doedd dim byd gwaeth na *gas* yn y nos.

Mi ddechreuodd y Lewis o'dd chydig lathenni i fyny'r lein danio − wedi sbotio rhywbath, ma'n debyg. Pan drois i 'mhen i'r cyfeiriad hwnnw fedrwn i weld y nesa peth i ddim drw' wydyr y mwgwd − ro'dd o fel tasa niwl drosto fo. Yna mi deimlwn fy hun yn mygu'n lân, ac mi wyddwn fod yr ocsijen yn darfod ne' fod dŵr wedi mynd iddo fo. Mi gydies ym mraich Meic a mwmblian fy nhrwbwl wrtho fo, ac mi welodd ynta'r peryg ar unwaith. Ffwrdd â ni i lawr y lein cyn gyflymad ag y medran ni drw'r mwd a'r dŵr gan obeithio dŵad ar draws rhywun wedi'i ladd. Roeddan ni'n meddwl tasan ni'n medru cyrradd y fan lle disgynnodd y siel y basa 'na ddigon o fygyda sbâr yn y fan honno. Ond 'n siomi gawson ni. Er 'u bod nhw'n brysur yn cario dynion wedi'u clwyfo i ffwrdd ar stretsiars doedd hi ddim yn edrach yn debyg fod neb wedi'i ladd. Ro'dd yn rhaid gneud rhywbath, a hynny ar unwaith gan 'i bod hi bron ar ben arna i. Y peth nesa welwn i drw'r niwl o'dd siâp Meic yn neidio allan o'r ffos ac yn cropian at y meirw o'dd yn gorwadd ar y top. Ro'dd rhain wedi 'u lluchio allan o'r ffos i neud mwy o le i drin y rhai o'dd wedi 'u clwyfo.

Mi stryglodd Meic yn galad i drio ca'l mwgwd odd'ar un o'r cyrff, ond ro'dd rhywbath yn 'i ddal o'n ôl. Erbyn gweld ro'dd y cr'adur wedi marw â'r *mouthpiece* yn dynn rhwng 'i ddannadd. Mi gymrodd Meic 'i faionet a'i wthio rhwng 'i ddannadd o i'w gwahanu nhw a rhyddhau'r mwgwd. Roeddwn i erbyn hyn yn ymladd am 'y ngwynt ac ar fin pasio allan, ond mi lwyddodd Meic i daro'r mwgwd dros 'y ngwynab i mewn pryd. Rydw i'n ddigon siŵr na toedd gin i ddim mwy na chydig eiliada wrth gefn. Mi safon yn 'n hunfan am funud ne' ddau i mi ga'l tipyn o wynt. Wedyn mi fedris gerddad yn ara deg a digon simsan ym mraich Meic nes cyrradd yn ôl. Mi steddis i lawr ar dun petrol. Ro'dd popeth o 'nghwmpas i'n troi fel pibi down ac mi wyddwn fod tipyn go lew o *gas* wedi ffeindio'i ffordd i fy sgyfaint i. Roeddwn i'n wan fel cath ac mi syrthis yn ôl yn erbyn ochor y ffos ac mi es i gysgu'n sownd. Chlywis i mo'r llygod mawr yn rhedag drosta i na Jeri'n sielio ac mi gysgis tan wyth o'r gloch y bora. Y noson honno, diolch i Dduw, mi gawson 'n tynnu'n ôl o'r lein.

Mi gawson ddiwrnod ne' ddau i 'mg'leddu tipyn arnon 'n hunain ac i ddŵad yn ôl i'n synhwyra. Yna mi'n gyrrwyd i ran arall o'r lein, ond yng nghyffinia Ypres roeddan ni o hyd. Pytia o ffosydd o'dd yn y fan honno a lle i ryw bymthag o ddynion, mwy ne' lai, ym mhob un, ac ro'dd rhywla ar draws y canllath rhwng pob ffos. Ro'dd lein ffrynt Jeri ryw fil o lathenni i ffwrdd, ac roeddan nhw'tha dipyn ar wasgar fel ninna. Mi gyrhaeddon yno cyn iddi 'leuo'n y bora i gymryd lle gweddill rhyw gatrawd arall – y Bedfordshires, os ydw i'n cofio'n iawn. Mi ddeudon fod Jeri'n gyrru *trench mortars* drosodd wrth y dwsina y peth cynta bob bora a chyda'i bod hi'n twyllu bob nos. Gwaeth na hynny, ro'dd criwia cyfa o ddynion wedi diflannu'n rhyfadd o rai o'r ffosydd. Rywfodd ne'i gilydd ro'dd o wedi llwyddo i ddŵad drosodd a'u cymryd nhw'n brisynars fesul criw bob nos y tair noson ddwetha. Sut ro'dd o'n medru cymryd pymthag o ddynion i ffwrdd heb i 'run o'r criwia er'ill glywad sŵn o gwbwl? Dyna o'dd yn 'n pyslo ni. Mi a'th 'n bataliwn ni i'r ffosydd ar 'i hunion y bora hwnnw wedi'n rhybuddio i gadw o'r golwg ac i fod yn berffaith ddistaw rhag i Jeri ddŵad i wbod y bydda 'na fataliwn ffres yn 'i ddisgwl o'r tro nesa. Cyn pen yr awr mi ddechreuodd y *trench mortars* ddŵad drosodd. Mi ddisgynnodd un ohonyn nhw'n union ar Post Nymbar 4 gan chwythu'r holl griw yn sgyrion. Erbyn saith o'r gloch ro'dd hi wedi tawelu'n go lew.

Er gwaetha pob rhybudd i gadw o'r golwg ro'dd hi'n dipyn o straen ar ddyn i aros yn llonydd mewn ffos am oria bwygilydd, ac o dipyn i beth mi fentrodd amball un allan o'i dwll. Cyn bo hir ro'dd 'na ddau ne' dri dwsin i'w gweld yn snwffa o gwmpas ar y top. Mi fuo un parti o'n ffos ni'n ddigon digwilydd i fynd i *no man's land* i edrach be welan nhw o gwmpas rhyw dŷ ffarm, ac mi a'th parti arall i godi tatws newydd i gae gerllaw. Yna mi euthon yn fwy hy fyth ac mi ddechreuon alw ar 'i gilydd yn uchal – gofyn am drwbwl o'dd hynny. Fuo Jeri fawr o dro'n dŵad â nhw i drefn. Mewn chwinciad ro'dd bwledi *machine gun* yn sgubo dros wynab y tir ac mi sgatrodd y cwbwl fel cwningod i'w tylla, a fasa neb yn gwbod fod 'na undyn byw o fewn milltiro'dd.

Mi fasach yn meddwl y basa hynna'n ddigon o rybudd iddyn nhw. Ond na – cyn pen chwartar awr ro'dd rhai ohonyn nhw allan wedyn fel tasa nhw'n herio Jeri ac yn 'i demtio fo i gymryd siot atyn nhw. Wel, ddigwyddodd 'na ddim am hir – hwyrach fod Fritz yn rhy brysur yn hel yn 'i fol ne' rywbath – ac os o'dd 'na datws newydd o fewn cyrradd roeddan ni'n bwriadu ca'l 'n siâr. Yn fuan iawn ro'dd Meic, Chopper a finna ganllath o flaen y lein – a chanllath yn nes at Jeri. Chopper o'dd yn ledio'r ffordd, ac fel roeddan ni'n cropian trw' glwt o wenith ac yn nelu am y cae tatws mi stopiodd yn stond. Yn union o'i flaen o ro'dd 'na dri Jeri marw. Yn ôl yr olwg o'dd arnyn nhw roeddan nhw wedi bod yno ers tro byd achos ro'dd y gwenith wedi tyfu o'i rownd nhw a rhwng 'u coesa a'u breichia nhw. Roeddan nhw'n dal i gydio'n 'u reiffls, ac ro'dd 'u cnawd nhw'n ddu fel inc. Fel arfar, y peth cynta ddoth i'n meddwl ni oedd – 'Oes 'na rywbath o werth arnyn nhw?' – wats, cyllall, ffrancs, ne' gwell fyth, rifolfar otomatig. Ond pan euthon ni dipyn yn nes ro'dd yr ogla'n ddigon i daro ceffyl i lawr. Mi gymron 'n baionets i bwnio'r pocedi, ond ffeindion ni ddim byd. Yna, ar awgrym Chopper, mi osodon y baionets ar y reiffls er mwyn ca'l digon o lifar i droi'r corff drosodd. Mi lwyddon i'w droi o, ond mi 'rhosodd y pen yn lle'r o'dd o fel tasa fo wedi glynu'n y ddaear. Ro'dd o wedi bod yno mor hir nes 'i fod o wedi dechra pydru a breuo. Os o'dd yr ogla'n gry gynt ro'dd o'n annioddefol wedi troi'r corff drosodd. Ro'dd y ddaear o dano fo'n goch a dega o hen chwilod mawr duon yn gwibio ar draws 'i gilydd wedi ca'l 'u styrbio. Wedi'r holl draffarth – ac mi roddwyd y ddau arall drw'r un oruchwyliaeth – ddeuthon ni o hyd i ddim. Ro'dd rhywrai wedi ca'l y blaen arnon ni unwaith eto.

Ymlaen â ni ar 'n pedwar, ac roeddwn i'n falch iawn o ga'l symud i rywla i anadlu dipyn o awyr iach. Mi gyrhaeddon y cae, ac yma eto mi ddoth y baionets i mewn yn handi i godi tatws. Dwn i ddim sawl gwlyddyn godon ni, ond doedd y tatws fawr mwy na marblis, a gwastraff ofnadwy o'dd 'u codi nhw felly cyn 'u bod nhw'n barod. O'r diwadd mi gawson ddigon i neud y tro i ni ac mi gychwynnon yn ôl. Cyn 'n bod ni wedi mynd chydig lathenni dyma'r *machine gun* hwnnw'n dechra arni eto ac mi fuo'n rhaid i ni orwadd rhwng y rhesi am sbel go hir nes iddo fo dawelu. Wedi cyrradd yn ôl mi euthon ati i hel petha at 'i gilydd i ga'l ffîd o datws newydd, ond doedd gynnon ni ddim coed sych i ddechra tân. Mi euthon cyn bellad â'r tŷ ffarm i chwilota am rai. Ro'dd y lle'n wag a chan nad o'dd 'no goed rhydd yn unlla mi dorron un o'r drysa i lawr a chario

darn ohono fo'n ôl hefo ni. Ar y ffordd mi lenwon 'n
tunia hefo dŵr o waelod un o'r tylla siels. Mi wyddan
'n bod ni'n mentro'n arw wrth gynna tân yn y lein ond
mi fuon yn ofalus iawn i'w gadw fo i lawr – dim ond
coed wedi'u torri'n fân oeddan ni'n iwsio, a chydig iawn
ohonyn nhw ar y tro. Rhag gorfod mynd dros y top
wedyn mi olchon y tatws a'u berwi nhw'n yr un dŵr.
Erbyn hannar dydd roeddan nhw'n barod, ac mi gawson
ginio blasus o datws trw'u crwyn hefo bwli bîff a bisgedi.
Ma'n debyg fod yr un peth yn mynd ymlaen ym mhob
un o'r ffosydd er'ill. Be tasa H.Q.'n gwbod!

10

RO'DD Y CYRCHO'DD slei yn y nos yn poeni cryn dipyn ar H.Q. ac roeddan nhw'n methu'n glir â ffeindio allan pa gatrawd o Jeris o'dd yn 'n wynebu ni. Pwy bynnag oeddan nhw doedd dim amheuaeth am 'u disgyblaeth na'u clyfrwch nhw. Mi ddoth Captain Lee heibio ganol y pnawn i ddeud y drefn fod 'na ormod o sŵn a symud o gwmpas a hitha'n gefn dydd gola. Ro'dd o wedi ca'l 'i alw i H.Q. o flaen y C.O. gan fod y gwylwyr wedi riportio fod llawar o'r dynion wedi'u gweld yn symud o gwmpas ar y top. Doeddwn i ddim ond yn disgwl 'i glywad o'n deud rhywbath am fwg hefyd, ond soniodd o ddim byd. Mi gawson orchymyn pendant na toedd neb i fynd i gysgu ar gyfri'n y byd wedi iddi dwyllu'r noson honno. Roeddan ni i fod ar 'n gwyliadwriaeth bob munud, ac i fod yn barod i roi derbyniad chwilboeth i Jeri os dôi o drosodd – ac ro'dd o'n debyg o ddŵad eto am y bedwaredd noson. 'Ond,' medda'r captain, 'y *ni* fydd yn 'i ddisgwl o heno, a dyma'ch cyfla chi i ddangos faint o gyts sy gynnoch chi. Ma'n bwysig i ni ga'l gafa'l ar un ohonyn nhw'n fyw ne'n farw. Mi fyddwn yn gwbod wedyn y cwbwl sy arnon ni isio'i wbod.'

Doeddan ni fawr o feddwl ar y pryd be o'dd yn mynd trw'i feddwl o.

Mi ddoth yn nos ac mi setlon i lawr i ddisgwl. Ro'dd oria meithion o'n blaena ni. Y disgwl a'r ansicrwydd 'ma o'dd yn lladd dyn, a doedd yn rhyfadd yn y byd gin i fod hannar y bois o'dd yma o'n blaena ni wedi 'u tynnu'n ôl am fod 'u nerfa nhw'n racs. Ro'dd y cr'aduriaid wedi dal y ffosydd am saith diwrnod a saith noson, a ninna rŵan yn dechra teimlo'r straen y noson gynta.

'Ma 'na rywun yn dŵad!' medda fi'n ddistaw yng nghlust Meic.

'Popeth yn iawn, bois – fi sy 'ma' – llais Captain Lee.

Mi ddoth o a dau offisar arall i lawr i'r ffos aton ni. Wedi ymgynghori â'i gilydd am chydig funuda mi glywn y captan yn deud wrth y ddau arall am fynd i'r ddwy ffos nesa a dŵad â'r dynion i gyd i'n ffos ni. Roeddan nhw i ddŵad â'u reiffls ac *ammo*, 'u mygyda a phedair Mills – a dim byd arall. Mi gawson ninna'r un ordors ac yn fuan ro'dd 'na barti o ryw ddeugian ohonon ni wedi'n hel at 'n gilydd. Yna, mewn llais isal, gan bwyso bob gair, mi ddechreuodd y captan roi ordors i ni.

'Hogia,' medda fo, 'dydan ni ddim yn mynd i ddisgwl i Jeri ddŵad amdanon ni heno – rydan ni'n mynd allan amdano fo. Ma H.Q.'n deud fod yn rhaid ca'l prisynar ar unwaith. Rydw i'n disgwl ca'l o leia un o "Bost y Goedan", ac os na chawn ni un yn y fan honno mi awn ni yn 'n blaena nes cawn ni un. Wedi i ni fynd allan ryw dri ne' bedwar canllath mi fyddwn yn rhannu'n ddau barti ac yn gwahanu, un parti i ddŵad hefo mi a'r llall i ddilyn Lieutenant Snelling; wedyn mi gaewn am y post o ddau gyfeiriad a rhuthro i mewn hefo'n gilydd.

Cyn gyntad ag y cewch chi afa'l ar brisynar rhedwch yn ôl fel diawlad hefo fo – dowch â dau os medrwch chi. Os digwydd i ni ddŵad i gwfwr parti ohonyn nhw ar 'u ffordd yma, gora'n byd.'

Ro'dd hi'n noson addas iawn i'n pwrpas ni, medda'r captan – yn ola ar brydia ac yna'n twyllu'n sydyn pan fydda cymyla mawr duon yn pasio dros wynab y lleuad. Mi wyddan o'r gora'n bod ni'n mynd allan ar gyrch peryglus iawn ac na ddôi'r un ohonon ni'n ôl os digwydda Jeri fod yn disgwl cyrch o'r fath. Nid ar chwara bach y medrach chi 'i dwyllo fo; ro'dd o'n gyfrwys fel llwynog, ac yn ddewr hefyd. Peidiwch â choelio'r bobol sy'n deud mai llwfrgi o'dd pob Jeri. Os o'dd o wedi ama'n bwriad ni mi fydda wedi gosod trap ar 'n cyfar ni. Ond ro'dd gynnon ni bob ffydd yn y captan – mi wydda fo be o'dd o'n neud, ac mi wydda sut i drin dynion. Ro'dd pob un ohonon ni'n benderfynol tasa petha'n mynd o chwith ac iddi fynd yn sgarmas na fasan ni'n ildio 'run fodfadd heb ordors y captan, ac na ddeuthan ni ddim yn ôl hebddo fo beth bynnag ddigwydda.

Am y canllath cynta mi gerddon yn ddistaw, ac yna mi ddechreuon gropian. Mi euthon drw'r clwt gwenith hwnnw gan drio dal 'n gwynt wrth basio cyrff y tri Jeri. Toc, mi stopiodd y parti ac mi a'th y captan at Lieutenant Snelling i drafod rhywbath. Pan ddoth o'n ôl mi sylwis fod 'i rifolfar yn 'i law o. Ailgychwyn wedyn, ac yn nhawelwch y nos ro'dd hyd yn oed y dail a'r gwellt yn swnllyd iawn fel roeddan ni'n 'mlusgo drwyddyn nhw. Be tasa Jeri'n 'n clywad ni? Mi ddechreuodd *machine gun* danio, ond ro'dd y bwledi'n mynd dros 'n penna ni'n ddigon diniwad. Erbyn hyn roeddan ni tua hannar y ffordd ar draws *no man's land* ac mi gymron egwyl i ga'l 'n gwynt aton – gwaith blinedig iawn o'dd cropian felly 'nenwedig hefo reiffl, mwgwd a phedair Mills i'w cario. Ro'dd 'n dillad ni'n wlyb doman ar ôl 'mlusgo trw'r gwlith trwm. Ymlaen â ni unwaith eto – doedd y captan ddim am i ni ga'l cyfla i hel meddylia. Ro'dd yn syndod meddwl sut y galla deugian o ddynion symud felly heb sŵn o gwbwl. Mi gafodd rhywun bwl o besychu ond buan iawn y sodrwyd llaw dros 'i geg o. Roeddan ni rŵan tua thri chwartar y ffordd drosodd. Mi edrychodd yr offisar o'dd wrth f'ochor i ar 'i wats-gweld-yn-nos a sibrwd:

'Chwartar i hannar nos.'

'Duwcs annw'l,' medda finna, 'rydan ni wedi bod yn cropian am ddwyawr. Ma mhenna glinia a 'nau benelin i bron yn gignoeth.'

'Faint pellach?' medda Meic. 'Os daliwn ni mlaen fel hyn mi fyddwn ym Merlin cyn iddi 'leuo.'

Mi daniodd y *machine gun* wedyn ac mi ges dipyn o fraw o'i glywad o mor agos. Pan stopion ni nesa mi rannwyd y parti'n ddau ac mi a'th un grŵp hefo Lieutenant Snelling. Wrth lwc mi gawson ni'n tri aros hefo'n gilydd yng ngrŵp y captan.

Fel roeddan ni'n gorwadd ar 'n bolia ar y ddaear ac yn craffu i'r tywyllwch mi welson fod 'na goedan chydig belltar o'n blaena ni. Prin roeddan ni'n medru'i gneud hi allan achos doedd 'na ddim ond y stwmp yn aros. Mi wyddwn ar unwaith ble'r oeddan ni – wrth 'Bost y

Goedan'. O'r post yma ro'dd y *machine gun* hwnnw wedi bod yn tanio arnon ni pan oeddan ni'n y cae tatws . . . Wel, dyma ni wedi dŵad i'ch gweld chi – gobeithio. Wedi cropian am rai munuda mi ddeuthon yn ddigon agos i fedru gweld y goedan yn glir. Mi fwriodd y captan olwg frysiog droston ni a sibrwd:

'Pawb yn barod? Baionets wedi'u gosod?' Mi edrychodd ar 'i wats.

Cyn gyntad ag y cododd o ar 'i draed mi gododd pawb arall ac mi ruthron i gyfeiriad y goedan, ac ar yr un pryd mi glywan Lieutenant Snelling a'i griw'n dŵad o gyfeiriad arall. I mewn â ni. Doedd 'na ddim cymaint ag un Jeri'n y post, ond ro'dd 'na ddigon o arwyddion i brofi fod y lle ar iws ond na toedd neb yn digwydd bod adra pan alwon ni. Ar silff yn y ffos ro'dd 'na bentwr o *stick bombs*, ac mi ddeuthon o hyd i *magic lanterns* a bocsiad o sleids mewn dygowt yn nhalcan ucha'r ffos. Ro'dd o'n lle bach reit gartrefol.

Ro'dd hi rŵan yn tynnu at un o'r gloch a ninna, mewn gwirionadd, ddim nes i'r lan. Wedi i'r captan a'r ddau offisar ga'l pwyllgor brys yn y dygowt mi benderfynon fynd ymlaen i'r post nesa'n hytrach na mynd yn ôl yn waglaw. Ro'dd y post hwnnw reit yn leins Jeri. Doedd dim amheuaeth ym meddwl yr offisars na fasan ni'n ca'l Jeris yn hwnnw. Ro'dd gynnon ni ganllath i fynd ac mi gychwynnon tuag yno gan hannar cerddad a hannar cropian. 'Mhen rhyw ddeng munud roeddan ni'n sefyll yn gylch uwchben y ffos â'n baionets wedi'u gosod yn barod. Mi gawson syndod arall – a chryn dipyn o ollyngdod hefyd – pan welson ni ddau Jeri'n gorwadd ar y gwaelod yn hannar cysgu. Doeddan nhw ddim wedi clywad dim o'n sŵn ni, ac roeddan ni yn y ffos hefo nhw cyn iddyn nhw ddeffro'n iawn. Neuthon nhw ddim ymdrach o gwbwl i amddiffyn y post na dengid i ffwrdd ac mi cymron ni nhw'n brisynars. Ro'dd un ohonyn nhw ar 'i ffordd yn ôl i'n leins ni gynta welsoch chi 'rioed a dwsin ne' ragor o faionets yn 'i annog o yn 'i flaen. Doedd y llall ddim mor hawdd i'w drin – ro'dd o'n gwrthod symud o'i dwll. Fuon ni fawr o dro'n 'i symud o, ond pan ddechreuon ni 'i lusgo fo hefo ni mi ddechreuodd y ffŵl weiddi ar dop 'i lais. Ro'dd hynny'n ddigon i'w gondemnio fo'n y fan – mi roison faionet yn 'i berfadd o ac mi redon fel diawlad ar ôl y lleill. Doeddan ni 'mond yn disgwl clywad pob *machine gun* yn lein ffrynt y Jeri'n tanio ar 'n hola ni. Wyddwn i ddim tan y noson honno 'mod i mor sionc – prin ro'dd 'y nhraed i'n cyffwrdd y ddaear. Mi gymrodd tua thair awr i ni i gyrra'dd lein Jeri, ond chymrodd hi ddim mwy na deng munud i ni i gyrradd yn ôl i'n lein 'n hunain. Chollon ni ddim cymint ag un dyn ar y cyrch hwnnw. Ma'n rhaid na chlywodd Jeri ddim siw na miw odd'wrthan ni. Sôn am lwc mwngral!

Ro'dd y captan wedi'i blesio'n arw hefo'r ffordd y trodd petha allan.

'Da iawn, hogia,' medda fo, 'mi wna'th pawb 'i job yn ardderchog ac rydw i'n falch ohonoch chi. Mi forola' i y bydd 'na jogyn o rŷm yn dŵad i fyny cyn iddi 'leuo, ond cadwch ych llygaid yn agorad – tydi'r nos ddim drosodd eto.'

Mi gadwodd 'i air hefyd ac mi ddoth un o'r gweision

â fflasg fawr o rỳm i ni. Doedd dda gin i mo'r stwff ond mi yfis fy siâr er mwyn cadw f'hun yn gynnas. Pan o'dd hi ar 'leuo mi gawson andros o ddôs gin Jeri fel arfar. 'B' Company cafodd hi waetha'r tro yma. Mi ddisgynnodd 'na *trench mortars*, ne'r *minnies* fel roeddan ni'n 'u galw nhw, ar ddwy ffos a lladd tua deg ar hugian o ddynion hefo'i gilydd.

Mi fuon yn y ffosydd rheiny am bum diwrnod a phum noson arall cyn ca'l 'n rhyddhau. Dwn i ddim sut na fasa pob un ohonon ni wedi drysu. Disgwl, disgwl, disgwl – ca'l 'n bombardio'n ddidrugaredd fora a nos, a dim siawns ca'l gorwadd i lawr i gysgu, dim ond hepian wrth ben 'n traed. Mi glywsoch am rai'n chwibanu'n y twyllwch i gogio bod yn ddewr – rhywbath yn debyg o'dd 'n hanas ninna – ista i lawr i ganu'n ddistaw er mwyn trio cadw'n effro a chodi c'lonna'n gilydd. Dyma i chi un gân ddaru ni ganu ugeinia o weithia tra buon ni'n y ffos honno:

Nobody knows how tired we are, how tired we are,
     How tired we are,
Nobody knows how tired we are,
     And nobody seems to care.

Un arall o'dd ar fynd yn amal o'dd:

Waiting, waiting, waiting,
     Always bloody well waiting,
From Reveille to Lights Out
     Always waiting.

Mi ddoth y waredigaeth o'r diwadd ac mi gawson ordors i godi'n pac tua hannar nos. Er i ni drio symud cyn ddistawad ag y medran ni mi ffeindiodd Jeri fod 'na rywbath ar dro ac mi a'th ati i yrru popeth o'dd gynno fo drosodd. Fel roeddan ni'n prysuro i lawr y ffordd ro'dd y siels fel tasa nhw'n 'n dilyn ni, ac roeddan nhw'n gneud hafog ddychrynllyd ymysg y dynion. Mi fydda i'n amal yn meddwl am y cr'aduriaid rheiny wedi bod trw' uffarn am bum diwrnod ac yn ca'l 'u lladd ar ôl 'u rhyddhau. Mi gollon fwy o ddynion wrth ddŵad allan y noson honno na neuthon ni drw'r adag y buon ni'n y ffrynt. Fodd bynnag, awr yn ddiweddarach roeddan ni'n ddigon pell ac mi gawson dipyn o rasions a lle i roi'n penna i lawr.

11

BORA DRANNOETH mi ddoth negas o H.Q. i ddeud fod
Privates Roberts a Lloyd i ga'l 'u symud at y sneipars
(i gymryd lle dau o'dd wedi 'u lladd ar y ffrynt yn ystod
yr wsnos yn ôl fel y dallton ni wedyn). Mi gawson
ordors i bacio'n gêr ar unwaith a mynd i lawr y lein am
gwrs pedwar diwrnod mewn 'ysgol sneipars'. Meic a
finna'n sneipars! Chwerthin ddaru ni'n dau – i drio
lliniaru tipyn ar y sioc, ma'n debyg. Ond erbyn cysidro
hwyrach fod hynny'n well na cha'l 'n rhoi ar Lewis
gun – gwaith mul o'dd cario hwnnw a'r *pans* trymion
hefo ni i bobman. Ro'dd y lle yma rai milltiro'dd i
ffwrdd ac ro'dd yn rhaid i ni ffeindio'n ffordd 'n hunain
yno. Doedd Chopper ddim yn leicio'r syniad o ga'l i adal
ar ôl o gwbwl, ond doedd mo'r help. Mi gerddon rai
milltiro'dd ac yna mi ddoth 'na lori heibio ac mi gawson
lifft i ben 'n taith. Wedi riportio mi gawson reiffl newydd
bob un. Ro'dd rhain yn rhai sbesial a'r peth oeddan
nhw'n alw'n *telescopic sights* arnyn nhw. Mi fuon wrthi'n
ddygn bob dydd yn dysgu sut i'w handlo nhw. Ro'dd yn
rhaid i ni saethu at darged chwe chanllath i ffwrdd a
bod yn union ar y marc cyn y basa nhw'n 'n pasio ni fel
rhai teilwng i'n galw'n sneipars. Ar wahân i'r saethu mi
gawson 'n dysgu sut i sylwi'n fanwl a sbotio'n targed
odd'wrth y symudiad lleia'n y pelltar. Y diwrnod ola mi

gawson wersi i ddangos i ni'r ffordd ora i guddio'n hunain a chadw'n berffaith llonydd. Mi adawson y lle fora'r pumad dydd ac mi gychwynnon yn ôl yn llancia i gyd a riports da yn 'n pocedi. Ro'dd 'na draffig go drwm yn mynd yr un ffordd â ni, llawar ohonyn nhw'n loris trymion yn cario llwythi o siels i ffidio'r gynna mawr o'dd wedi'u gosod y tu ôl i'n bataliwn ni. Chawson ni ddim traffarth o gwbwl i ga'l lifft bob cam yn ôl.

Y peth cynta welson ni wedi cyrradd yn ôl o'dd twr o ddynion a Chopper yn ista'n 'u canol nhw hefo bwrdd Crown and Anchor o'i flaen. Ro'dd o'n falch iawn o'n gweld ni, achos mi stopiodd y gêm am funud cyfa i siarad hefo ni. Mi ddeudodd 'i fod o wedi ca'l dyrchafiad eto tra buon ni i ffwrdd, ond nid yn gorp'ral y tro yma. Y fo, rŵan, o'dd yn gyfrifol am holl dai bach 'C' Company. Ei waith o'dd torri tylla'n y ddaear a hel a gwagio'r bwcedi. Oherwydd pwysigrwydd 'i swydd ro'dd o'n ca'l 'i esgusodi odd'ar bob parêd. Ro'dd y job yma'n 'i siwtio fo i'r dim, medda fo, a thasa fo'n ca'l dewis fasa fo byth yn 'i newid hi am yr un job arall.

Mi ddeuthon i ddallt yn fuan iawn i ni gyrradd yn ôl mewn iawn bryd i fynd allan i'r leins hefo'r lleill. Tua deg o'r gloch y noson honno mi gychwynnon tua'r ffrynt. Gyda'n bod ni wedi setlo i lawr mi ddoth 'Corp'ral y Sneipars' heibio i chwilio am Meic a finna. Ro'dd gynno fo chwech o ddynion hefo fo'n barod. Wedi'n ca'l ni at 'n gilydd mi eglurodd 'n bod ni i fynd allan i *no man's land* i ryw dŷ ffarm o'dd yn sefyll dipyn pellach na hannar y ffordd rhyngddon ni a leins Jeri. Roeddan ni i aros yno ddydd a nos i wylio pob symudiad. Doedd y tŷ yma 'rioed wedi ca'l 'i iwsio i bwrpas sylwi a sneipio o'r blaen – dyna pam ro'dd o'n dal i sefyll. Mi rybuddiwyd pob un o'r posts er'ill 'n bod ni'n cychwyn allan rhag ofn iddyn nhw danio arnon ni mewn camgymeriad. Ddigwyddodd dim ar y ffordd ac mi gyrhaeddon yn saff. Pan ddoth hi'n ddigon gola i ni edrach o'n cwmpas mi welson fod 'na ddigon o ddodrafn yn y tŷ, ond ro'dd y lle mewn stad ofnadwy ac yn fudur iawn. Ro'dd 'no biano yn un gongol a'i hannar hi wedi'i thorri i fyny'n goed tân, ac ro'dd y llawr wedi'i orchuddio hefo llestri wedi'u malu. Ar y bwrdd ro'dd 'na helmet Jeri a phapur newydd nad oeddan ni'n dallt yr un gair ohono fo. Ro'dd yn amlwg felly fod posibilrwydd y bydda Jeri'n dŵad yn ôl unrhyw funud ac y bydda'n rhaid i ni fod yn barod amdano fo. Y tu allan ro'dd 'na iard a wal uchal o'i rownd hi, ac yn y pen pella ffynnon, teip hen ffasiwn hefo bwcad a tshaen. Doedd wiw i ni ddangos 'n hunain y tu allan i'r drws wedi iddi 'leuo, felly mi ddechreuon chwilota tipyn y tu mewn. Mi ddringon i fyny i'r atig ac wedi peth ymdrach mi lwyddon i dynnu llechan o'r to, a thrw'r twll roeddan ni'n medru gweld lein Jeri'n glir heb iddo fo'n gweld ni. Doedd y ffos agosa ddim mwy na rhyw ddau ganllath i ffwrdd. Gan fod wyth ohonon ni mi ddeudodd y corp'ral y bydda dau'n cadw gwyliadwriaeth ar y tro a'r chwech arall yn gorffwys. Yn ystod y dydd yr atig o'dd y lle gora i gadw lwc owt, ond wedi iddi dwyllu roeddan ni i sefyll y tu allan i'r drws agorad.

Er i ni fod yn gwbod o'r gora fod 'na Jeris yn y ffos o'n blaena, welson ni ddim arlliw ohonyn nhw.

Bob eiliad o'r dydd ro'dd rhywun yn gwylio drw'r twll yn y to fel cath yn gwylio ll'godan. Wedi iddi dwyllu mi a'th y corp'ral a dau arall i nôl rasions. Pan ddeuthon nhw'n ôl rywla ar draws yr un ar ddeg mi ddeudon fod y captan yn pwysleisio eto fod 'na gyfrifoldab mawr arnon ni a'n bod ni i fod ar y lwc owt am y symudiad lleia. Ro'dd o'n meddwl fod gynnon ni siawns go lew i'w sbotio fo yn y bora cynnar ne' pan fydda hi ar dwyllu gyda'r nos.

Y noson wedyn, chydig wedi hannar nos, a hitha'n digwydd bod yn noson reit ola, roedd Meic a finna'n gneud 'n dwyawr wrth y drws. Yn sydyn mi glywan sŵn traed yn torri ar y tawelwch. Mi feddylion i ddechra mai rhai o'n hogia ni o'dd yn prowla o gwmpas, ond wedyn, fasa nhw byth yn meiddio dŵad cyn bellad. Mi a'th Meic ar flaena'i draed i ddeffro'r lleill ac mi frysion nhw'tha aton ni. Yno y buon ni am sbel yn craffu a chlustfeinio a cheisio dyfalu pwy 'llasa nhw fod. Toc, mi fedron neud allan siâp dynion yn dŵad i'r golwg o'r tywyllwch ac mi welson hefyd fod 'na nifar go lew ohonyn nhw. Roeddan ni'n dal 'n gwynt a nhw'tha'n dŵad yn nes o hyd – yn ddigon agos i ni weld mai Jeris oeddan nhw. Be fedran ni 'i neud? Ro'dd 'na rywla rhwng deg ar hugian a deugian ohonyn nhw. Tasa gynnon ni rai o'r 'peli bach' hefo ni mi fasan yn setlo'r matar mewn chydig eiliada. Mi safon fel delwa yn 'u hunfan – bron na chlywan ni galonna'n gilydd yn curo. Pan oeddan nhw bron â chyrradd y tŷ mi droeson i'r iard a'i gneud hi'n syth am y ffynnon. Doeddan nhw ddim i'w gweld ar frys o gwbwl, a ninna'n disgwl ac yn dyfalu be oeddan nhw'n fwriadu'i neud wedi llenwi 'u poteli dŵr – mynd yn 'u hola i'w leins ynta dŵad i'r tŷ? Drw' ryw drugaradd yn 'u hola'r euthon nhw, ac mi ddechreuon ninna anadlu'n fwy rhydd. Drw'r amsar y buon nhw yno chlywson ni'r un ohonyn nhw'n yngan gair, a doeddan nhw ddim ond ryw ugian llath odd'wrthan ni. Roeddwn i'n meddwl fod hynny'n braw' go lew ar 'u disgyblaeth nhw.

Ryw awr cyn iddi 'leuo mi a'th y corp'ral, Meic a finna'n ôl i'r leins, ac mi riportiodd y corp'ral i'r captan bopeth o'dd wedi digwydd. Wedi cymryd y manylion i gyd i lawr mi ddeudodd wrthan ni am frysio'n ôl gan 'i bod hi'n dechra g'leuo, ac y bydda fo'n disgwl riport arall gyda'r nos. Fwy nag unwaith yn ystod y dydd mi gawson gip ar Jeri – a chip yn unig. Ro'dd o'n rhy gyfrwys o lawar i' ddangos 'i hun yn ddigon hir i ni ga'l siot arno fo.

Y noson honno, pan a'th y corp'ral â'i riport i mewn mi gafodd dipyn o syndod. Ro'dd ugian o ddynion hefo Lewis *gun* a bagia llawn o 'beli bach' i ddŵad yn ôl hefo fo, ac ro'dd y captan 'i hun yn dŵad hefyd. Cyn pen yr awr ro'dd pawb wedi'i osod yn 'i le ac yn gwbod 'i waith. Os dôi Jeri i nôl dŵr – ac roeddan ni'n cymryd yn ganiataol y dôi o – 'n busnas ni o'dd gneud yn saff na châi o ddim byw i'w yfad o. Doedd neb i luchio 'pêl' na thanio ergyd nes i'r captan roi'r arwydd. Ro'dd o 'i hun yn mynd i luchio'r 'bêl' gynta, a dyna'r arwydd i ninna neud yr un peth.

Yn wir i chi, tua'r hannar nos, fel o'r blaen mi clywan nhw'n dŵad, ond parti llai o lawar o'dd hwn. Mi ddeuthon i mewn i'r iard. Yna mi safon yn llonydd am funud fel tasa nhw wedi clywad rhywbath, ac mi feddylis i 'u bod nhw'n mynd i droi'n ôl. Ond yn 'u blaena at y ffynnon yr euthon nhw. Roeddwn i'n 'u gweld nhw'n blaen rŵan – wyth ohonyn nhw. Mi glywn sŵn y tshaen yn rhedag . . . a'r foment honno mi luchiodd y captan 'bêl' i'w canol nhw a honno'n ca'l 'i dilyn gin ugian er'ill. Chlywsoch chi 'rioed y fath sŵn! – a hitha mor dawal cyn hynny. Pan gliriodd y mwg doedd 'na ddim sôn am ffynnon na Jeri – dim ond lle buon nhw.

Ar air y captan mi redodd pawb nerth 'i draed yn ôl i'r lein. Doedd dim iws gadal hyd yn oed y sneipars ar ôl yn y fan honno. Ro'dd yn amlwg i'r busnas yma roi sgytiad i Jeri a'i gynddeiriogi fo, achos ro'dd bwledi *machine guns* yn chwibanu heibio'n clustia ni bob cam o'r ffordd yn ôl. Wedi cyrradd y ffos yn saff mi gawson ordors nad oeddan ni ddim i fynd yn ôl i'r tŷ (fel tasan ni'n bwriadu mynd!) gan na fydda fo'n lle iach yn y dyfodol. Gyda bod y wawr wedi torri ro'dd gynna mawr Jeri'n rhuo ac yn bwrw'u cynddaradd arnon ni. Cyn pen chydig funuda doedd 'na ddim ond toman o frics yn lle'r tŷ ffarm, a Jeri wrth gwrs yn gobeithio 'n bod ni o danyn nhw.

Mi gawson lonydd reit dda drw'r dydd ac mi gysgon ryw gymaint, ond pan o'dd hi ar dwyllu mi alwodd y corp'ral ar Meic a finna. Roeddan ni'n tri i fynd i adfeilion y tŷ ffarm ac i neud tipyn o gysgod i ni'n hunain yng nghanol y rwbal. Ym marn y captan, ond i ni gadw o'r golwg, doedd dim llawar o beryg i Jeri wastio siels ar bentwr o frics. Mi gychwynnon unwaith eto ar draws y tir agorad ac yn fwy gofalus nag erioed y tro yma achos mi wyddan na ddeuthan ni byth yn ôl tasa Jeri'n digwydd clywad y smic lleia odd'wrthon ni. O'r diwadd, wedi cropian yn boenus fesul llathan mi gyrhaeddon yr iard – hynny o'dd ar ôl ohoni hi. Ro'dd ogla marwolaeth yn drwm dros y lle. Straen ofnadwy ar nerfa dyn o'dd sefyll yn y fan honno yng nghanol brics a darna o *Germans* a gwbod y galla pob eiliad fod yr ola. Mi symudodd rhywbath – mi clywis o'n blaen . . . dyna fo eto – o gyfeiriad y ffynnon. Mi glosion tuag yno'n ara deg ac mi rois fy nhroed ar rywbath meddal . . . ll'godan fawr – ac mi roth honno wich uchal nes roeddan ni'n neidio. Diolch mai ll'godan fawr o'dd hi, ro'dd 'na ddwsina ohonyn nhw'n rhedag o gwmpas ac yn gwledda ar gyrff y Jeris.

Gan 'i bod hi'n rhy dywyll i ni ddechra cloddio i'r rwbal, mi euthon i 'mochal i gysgod pwt o wal isal o'dd yn dal i sefyll, ac mi wyddan nad o'dd hi'n bosib i Jeri'n gweld ni'n y fan honno. Mi gymron 'n hamsar yn ystod y dydd i drefnu tipyn ar y brics o'n cwmpas a gneud rhyw fath o fainc i ista arni. Ro'dd yn rhaid i ni weithio'n ofalus iawn a handlo pob bricsan fel tasan ni'n trin wats rhag gneud y mymryn lleia o sŵn. O sbecian rhwng y brics roeddan ni'n medru gweld congol o'r iard. Bobol! ro'dd 'no lanast ar ôl 'n 'peli bach' ni a siels Jeri. Doedd 'no ddim golwg o gyrff yr wyth Jeri, dim ond amball goes, braich ne' ben yma ac acw 'mhlith y sbwrial. Rydw i'n cofio gweld braich yn gwthio allan o ganol y brics a wats am y garddwrn, ond ro'dd y gwydyr wedi'i falu a doedd hi ddim yn werth mentro allan i'w nôl hi. Roeddan ni'n falch o weld y nos yn dŵad er mwyn i ni ga'l mynd yn ôl i'r lein o'r lle melltigedig yma. Er 'n bod ni'n medru gweld lein Jeri o'n blaena, doeddan ni ddim yn gweld hannar cystal ag roeddan ni drw'r twll yn y to cyn i'r tŷ ga'l 'i chwalu. Mi benderfynon ddeud wrth y captan nad o'dd gynnon ni ddim i'w riportio ac nad o'dd yr adfeilion o unrhyw werth fel post sneipars. Pan euthon ni'n ôl doedd dim angan esgusion gan 'n bod ni'n ca'l 'n rhyddhau o'r lein y pnawn hwnnw.

Ro'dd Meic a finna erbyn hyn yn hen wariars fel Chopper. Mi fuon yn y leins lawero'dd o weithia a dŵad allan yn fyw bob tro, ac ro'dd gynnon ni lawar o le i ddiolch am hynny. Oherwydd colledion, roeddan ni'n gweld wyneba newydd yn barhaus, ac er nad o'dd ond chydig fiso'dd ers pan ddeuthon ni allan, ni'n tri o'dd 'hen begors' y fataliwn. Mi ddoth yn ddechra ha' a thua'r adag yma ro'dd petha'n newid yn arw yn Ffrainc. Doedd Jeri ddim yn ca'l 'i ffordd 'i hun ers tro bellach. Mi ddoth yr Iancs – filo'dd ar filo'dd ohonyn nhw – i gryfhau'n byddino'dd ni a Ffrainc, ac mi ddechreuodd y ''Mosodiad Mawr' ar yr holl ffrynt. Ddydd a nos ro'dd 'n gynna mawr ni'n cyfarth ac yn rhoi dôs o'i ffisig 'i hun i Fritz heb roi cyfla iddo fo i ga'l 'i wynt ato o gwbwl.

Un noson, yn hollol ddirybudd, mi gawson ordors i neud 'n hunain yn barod i symud ar unwaith – ar draed wrth gwrs. Mi gychwynnon, ond doedd gin neb y syniad lleia i ble roeddan ni'n mynd. Yr un hen stori o'dd hi: 'We don't know where we're going till we're there.'

Ro'dd y gwres yn annioddefol a phawb wedi agor

botyma'u tiwnics a gosod 'u helmets i hongian ar 'u reiffls. Mi fuon yn martsio felly am filltiro'dd ac ro'dd hi wedi twyllu ers meitin pan gawson ni ordors i stopio am hannar awr o egwyl. Doeddan ni fawr o feddwl ar y pryd fod H.Q. ar frys mawr i'n ca'l ni i fyny i'r ffrynt cyn i'r wawr dorri er mwyn i ni fynd dros y top hefo rhyw fataliwn arall o'dd yno'n barod. Mi bwyson ymlaen drw'r nos ond ro'dd y rhan fwya ohonon ni wedi ffagio'n lân, ac mi fuo'n rhaid stopio ddwywaith wedyn. Yna mi ddallton fod y syniad o'n ca'l ni i'r lein cyn y bora wedi'i roi i fyny oherwydd 'n cyflwr ni a phrindar amsar.

Y bore hwnnw mi ddechreuodd canno'dd o ynna mawr danio o goedwig y tu ôl i ni ac ro'dd y sŵn yn ddigon i hollti pen dyn. Ond i ni, o'dd wedi clywad dim ond gynna mawr Jeri ers miso'dd ro'dd o'n sŵn bendigedig ac yn donic i'n heneidia ni. Ro'dd y ddaear yn crynu dan 'n traed ni, ac mi wyddan fod 'na ymladd ffyrnig ar y ffrynt o'n blaena ni, er nad o'dd yn bosib clywad sŵn y reiffls a'r *machine guns* gan fod sŵn y gynna mawr yn boddi pob sŵn arall am filltiro'dd. Mi ddoth Captain Lee heibio ac mi ddeudodd fod Jeri wedi mynd yn ôl dair ne' bedair milltir ac yn dal i redag. Fel roeddan ni'n trampio mlaen mi ddeuthon at afon fechan, ac yno mi welson olygfa ddychrynllyd − anghofia'i byth mo'ni hi. Ro'dd yr afon yn y llecyn hwnnw tua phedair ne' bum llath o led ac yn reit ddofn. Mi welson fod planc wedi'i osod ar 'i thraws hi fel pont fechan, ac yn y dŵr o dan y bont ro'dd dega o gyrff dynion o fataliwn arall. Roeddan nhw wedi'u pentyrru ar gefna'i gilydd nes tagu'r afon. Mi ddallton ar unwaith be o'dd wedi digwydd. Chydig oria'n gynharach Jeri o'dd yr ochor arall i'r afon ac ro'dd yn amlwg mai tasg y cr'aduriaid yma o'dd croesi dros y planc a mynd amdano fo. Fel roeddan nhw'n croesi ro'dd y *machine guns* yn 'u medi nhw i lawr a nhw'tha'n disgyn ar gefna'i gilydd i'r dŵr. Ma'n bur debyg mai ni fasa wedi ca'l y job yma tasan ni wedi cyrradd mewn pryd. Mi drechwyd Jeri'n y diwadd am na fedra fo ddŵad i ben i ladd yr hogia'n ddigon cyflym i atal y llanw. Ro'dd yr olwg arnyn nhw'n ddigon i neud y dyn cryfa'n sâl. Gwaeth fyth i ni o'dd gorfod cerddad dros y cyrff wrth groesi gan fod cymint ohonyn nhw'n gorchuddio'r ddaear o bobtu.

Erbyn drannoeth roeddan ni wedi symud ymlaen yn arw – reit ar sodla Jeri. Ond ro'dd o'n dal yn styfnig o hyd ac amball nythiad ohonyn nhw'n aros ar ôl i drio 'rafu tipyn arnon ni. Ro'dd sneipars y ddwy ochor yn brysur iawn a chriwia *machine guns* yn llechu yma ac acw mewn gwahanol gilfacha. Nawr ac yn y man roeddan ni'n dŵad ar draws dygowts Jeri – roeddan nhw bob amsar yn ddyfnach na'n rhai ni. Gweigion oeddan nhw i gyd, ond ro'dd yn rhaid i ni fod ar 'n gwyliadwriaeth bob munud rhag straglars. Mi ddeuthon i un post â thri Jeri yn'o fo. Cyn gyntad ag y gwelson nhw ni mi roeson 'u dwylo i fyny a gweiddi rhywbath nad oeddan ni'n deall mo'no fo – eglurhad, ma'n debyg. Roeddan ni ar fin 'u cymryd nhw'n brisynars pan ddoth rhai o'r bois o'r tu ôl i ni a lluchio Mills i'w canol nhw. Doeddan nhw ddim isio eglurhad. Ro'dd hon yn ffos go hir ac mi neidion i mewn rhag ofn fod 'na rywbath o bwys yn'i hi.

Ym mhen pella'r ffos, mewn dygowt bychan, mi welson offisar ifanc yn gorwadd yn farw a chas ffidil yn 'i law o, ac i mewn yn y cas hefo'r ffidil ro'dd bwndal o bapur miwsig. Ro'dd 'na dudalenna lawar o gerddoriaeth wedi'i sgwennu mewn inc – 'i waith o'i hun, ma'n siŵr. Mi ddoth i 'meddwl i ar y pryd – pwy o'dd hwn tybad? Hwyrach, tasa fo wedi ca'l byw y basa fo heddiw 'mysg cyfansoddwrs mawr y byd. Pwy bynnag o'dd o ro'dd gynno fo feddwl mawr o'i ffidil i ddŵad â hi hefo fo i'r ffrynt fel hyn. Beth o'dd gwerth y ffidil honno? Canno'dd? Milo'dd hwyrach. Doedd hi'n werth dim i ni. A beth am y gerddoriaeth? 'Unfinished' arall, achos welodd honno ddim gola dydd. Chawn ni byth wbod be gostiodd y rhyfal mewn petha felly.

Y pnawn hwnnw mi ddoth gair odd'wrth y captan i ddeud fod y C.O. isio gweld y corp'ral, Meic a finna yn yr H.Q. ar unwaith. Ffwrdd â ni i'r lle roeddan nhw'n 'i alw'n H.Q. – dygowt go fawr a chlwstwr o goed yn 'i guddio fo. Mi ddoth y C.O. at 'i negas heb hel dail o gwbwl:

'Rydw i wedi gyrru amdanoch chi'ch tri ar bwys y gair da sy gin Captain Lee i chi fel dynion ac fel sneipars' (Feddiwn i ddim edrach ar Meic.) 'Fel rydach chi'n gwbod, ma Jeri wedi gadal llawer o sneipars ar ôl ac ma'n rhaid 'u setlo nhw unwaith am byth, 'n enwedig y cythral sy wedi nythu rywla gyferbyn â "C" Company – ma hwnnw wedi gneud mwy o ddifrod na'r lleill i gyd hefo'i gilydd. Ddoe, mi laddodd Lieutenant Snelling a phedwar o'i ddynion, a dau arall ym Mhost 16. Mae o wedi ca'l ryn go dda ac ma'n bryd rhoi stop arno fo.

Rydw i am i chi'ch tri fynd allan, a dynion hefo chi i wylio bob munud o'r dydd i edrach fedrwch chi 'i leoli o. Os medrwch chi 'i setlo fo'ch hunain, gora'n byd, ond mi fyddwn ni'n eitha bodlon os medrwch chi ffeindio allan ble'n union ma 'i guddfan o, a fyddwn ni fawr o dro'n 'i ddistewi o wedyn. Rydan ni wedi colli N.C.O.s da'n ddiweddar 'ma ac ma'n rhaid llenwi'u lle nhw. Corporal Green a Private Roberts, rydach chi'n ca'l ych dyrchafu'n sarjants ac mi fyddwch yn gyfrifol am grŵp o sneipars bob un. Private Lloyd – i fod yn gorp'ral ar hyn o bryd nes collwn ni chwanag o sarjants. Mi gewch ych ordors gin Captan Lee.'

Mi fuo bron i Meic a finna ga'l ffit. Dyna un peth na ddaru mi 'rioed freuddwydio amdano fo – sarjant yn wir! Fel arall ro'dd hi hefo'r corp'ral; ro'dd o wedi bod yn disgwl yn hir am 'i drydadd streipan. Chwerthin ddaru Meic a gneud yn ysgafn o'r holl beth.

'Pwy sy isio streips rŵan?' medda fo. 'Prin y bydd hi'n werth 'u gosod nhw – isio mynd adra dw i.'

Wel, doedd dim llawar o ots bellach, ro'dd Jeri ar y ryn a'r diwadd yn y golwg.

Gyda'r nos mi ddoth y captan â rhestr o enwa'r dynion o'dd i fod ym mhob grŵp – dynion wedi'u dethol yn ofalus. Roeddwn i'n falch iawn o weld enw Chopper ymysg yr enwa ar fy mhapur i. Drw'r dydd drannoeth mi fuon yn llygadu pob modfadd o'r tir o'n blaena ni. Mi glywson amryw o ergydion reiffl ond welson ni mo'r symudiad lleia. Wedi iddi dwyllu mi ddeuthon i gyd at 'n gilydd i bost Nymbar 12 fel roeddan ni wedi trefnu. Yr un o'dd y stori o bob post arall – dim lwc. Gwaeth fyth, ro'dd y sneipar wedi lladd tri arall o'n hogia ni – un ohonyn nhw'n sneipar o 'A' Company. Ro'dd y Jeri yma'n codi arswyd ar bawb erbyn hyn. Doedd wiw i neb ddangos 'i gorun yn unlla o fewn cyrradd 'i reiffl o. Mi benderfynwyd rhoi cynnig arall arni drannoeth, ond yr un peth ddigwyddodd wedyn – clywad ambell ergyd a gweld dim. Y noson honno mi glywson fod pedwar arall wedi'u lladd ac yn 'u plith nhw y corp'ral o'dd newydd ga'l dyrchafiad.

Rywdro'n ystod oria mân y bora mi ddoth y captan aton ni ac offisar arall hefo fo – un diarth iawn i ni. Mi ofynnodd i mi 'u harwain nhw i'r post agosa i'r fan lle lladdwyd Sergeant Green. Ro'dd yr offisar yma, yn ôl y captan, yn arbenigwr ar broblema o'r fath. Mi gawson ordors i nôl dau ddwsin o fagia tywod, 'u llenwi nhw, ac yna'u gosod nhw'n daclus fel ag i godi wal fechan ar ymyl y ffos. Wedi i ni orffan mi ddeudodd wrthan ni am orffwys tan y bora.

Gyda'i bod hi wedi g'leuo mi ddechreuodd yr offisar diarth roi'i gynllun ar waith. Y peth cynta wneuthon ni o'dd gneud siâp pen a sgwydda hefo bagia o dywod a gosod helmet ar y pen. Yna mi wthion y dymi i fyny'n ara deg nes ro'dd o'n edrach fel tasa rhywun yn sbecian dros yr ymyl. Yr eiliad nesa dyma fwlat yn chwibanu'n syth drw'r pen. Andros o saethwr o'dd hwn pwy bynnag o'dd o. 'Mhen ryw chwartar awr mi wthion y dymi i fyny yr ail dro ond nid mor uchal y tro yma – dim ond yr helmet o'dd yn dangos dros y top. Ergyd arall, ac mi a'th y bwlat yma i mewn i un o'r bagia tywod o'dd yn rhes ucha'r wal a thorri twll glân reit drwyddo fo.

Dyna'n union oeddan ni'n 'i ddisgwyl. Mi dynnodd yr offisar ddarn o diwb metal tua dwy droedfadd o hyd o'i fag a'i wthio fo'n ofalus drw' dwll y bwlat. O edrach drwyddo fo ro'dd o'n gweld cylch ryw ugian llath ar draws, ac mi wydda fod pwy bynnag daniodd yr ergyd honno yn rhywla o fewn y cylch hwnnw. Mi arhosodd y captan a'r offisar diarth hefo ni drw'r dydd, nid o ddewis ond am na feiddia nhw ddim dangos 'u penna dros yr ymyl. Wedi iddi dwyllu mi a'th y ddau'n ôl i H.Q. Cyn pen dwyawr roeddan nhw'n 'u hola wedyn ag offisar arall hefo nhw. Un o offisars y gynna mawr o'dd hwn. Mi fuon yn y dygowt am hydo'dd yn 'studio a chynllunio uwchben map yng ngola lamp fechan. Wedi gweithio allan y gwahanol ffigyra ar bapur a marcio'r llecyn hefo cylch, ro'dd y tri i'w gweld yn reit fodlon a chytûn. Cyn mynd mi ddeudodd y captan wrthan ni am wylio'r llecyn hwnnw naw o'r gloch bora drannoeth. Yn ddiweddarach yn y nos mi gawson i gyd ordors i fynd i bost arall yn ddigon pell yn ôl. Fel ro'dd hi'n tynnu at naw o'r gloch ro'dd pob llygad ar y llecyn hwnnw. Yn union i'r funud dyma'r gynna mawr i gyd yn tanio hefo'i gilydd a'r naill siel ar ôl y llall yn landio'n daclus o fewn cylch y targed nes o'dd y ddaear i gyd yn chwydu i fyny. Doedd bosib fod 'na lathan sgwâr yn aros heb 'i throi. Mi gostiodd geiniog a dima mewn siels yn unig i ga'l gwarad â'r sneipar hwnnw, ond doedd hynny'n ddim o'i gymharu â'r gost mewn bywyda.

Ro'dd hi'n weddol saff i gerddad o gwmpas rŵan ac mi gawson lonydd am weddill y dydd. Gyda'r nos, fodd bynnag, mi glywson 'n bod ni i bwyso mlaen ar sodla

Jeri a bod yn barod i fynd dros y top yn y bora. Cyn iddi 'leuo'n iawn roeddan ni i gyd yn barod, ac am chwech o'r gloch mi symudodd yr holl ffrynt ymlaen. Y calondid mwya i ni o'dd gwbod fod y gynna mawr wrth 'n cefna ni. Bobol! Tasa chi'n 'u gweld nhw'n plastro ffosydd Jeri! Dwn i ddim sut ro'dd hi'n bosib i gymint ag un ohonyn nhw ddengid o'r fan honno'n fyw. Ro'dd 'na ddigon o dylla siels ym mhobman ac ro'dd yn dda iawn i ni wrthyn nhw i ga'l 'n gwynt aton cyn cymryd gwib i'r twll nesa. O dipyn i beth mi a'th yn g'letach arnon ni ac roeddan ni'n gorfod 'rafu bob hyn a hyn pan o'dd Jeri'n troi rownd i ddangos 'i ddannadd. Mi ddeuthon i olwg cwt bychan o goncrit – *pill boxes* oeddan ni'n galw rheiny – ond doedd dim posib mynd yn agos ato fo o'r ffrynt gan fod y *machine gun* yn disgwl amdanon ni. Yr unig ffordd i ddŵad dros yr anhawstar o'dd drw' wasgaru o bobtu iddo fo a'i basio fo. Dyna wneuthon ni, a chyn pen chydig funuda roeddan ni wedi amgylchynu'r lle ac yn cau amdano fo o bob cyfeiriad. Hyd yn oed wedyn mi gawson dipyn o sdrach gan i'r Jeris ddechra tanio'u rifolfars arnon ni. Sgarmas i'r pen o'dd hon i fod. O'r gora! Os oeddan nhw'n dewis bod yn styfnig doedd dim gwahaniaeth gynnon ni. Mi daflon ddwy ne' dair o 'beli bach' i'r lle iawn ac mi dorrodd rheiny'r ddadl. Er mai Jeris oeddan nhw, fedrwn ni ddim peidio'u hedmygu nhw'n ddistaw bach oherwydd mi ddalion ati hyd 'u hanadl ola. Doedd 'na ddim ond chwech ohonyn nhw, tri ar y *machine gun* a'r tri arall yn trio'n cadw ni'n ôl hefo'u rifolfars. Pan euthon ni i mewn i'r bocs pils mi fuo 'na dipyn o 'mgiprys am y rifolfars achos roeddan nhw cystal ag arian parod i lawr y lein.

Yn y rhuthr ro'dd pawb wedi cymysgu – rhai wedi cau i mewn o'r dde ac er'ill o'r chwith. Mi welis Meic yn mynd i mewn yn un o'r rhai cynta ac yn dŵad allan wedyn dan edmygu rifolfar o'dd o wedi'i fachu. Ond ble ro'dd Chopper? Mi edrychon o'n cwmpas . . . Y nefoedd fawr! Ro'dd o'n gorwadd ar y ddaear ryw ddecllath i ffwrdd. Mewn chwinciad roeddan ni'n penlinio un o bobtu iddo fo. Mi weiddis nerth 'y mhen am stretsiar, ond doeddwn i ddim haws a dwsina er'ill yn gorwadd o gwmpas yn yr un cyflwr ag ynta. Ro'dd Chopper druan yn gorwadd yn llonydd ac yn griddfan yn ddistaw â'i lygaid wedi cau. Mi cod'is o i fyny dipyn bach ac mi agorodd Meic ffrynt 'i diwnic o – ia, bwlat o rifolfar o'dd wedi'i hitio fo. Mi drion stopio'r gwaed ac mi weiddis eto am stretsiar. Doeddan ni ddim yn clywad y bwledi'n chwibanu o'n cwmpas ni nac yn clywad yr hogia er'ill yn gweiddi am i ni gadw i lawr.

'Chopper,' medda fi, â lwmp yn 'y ngwddw i, 'gorwadd di'n dawal, dawal am funud – ma'r stretsiar yn dŵad – mi fyddi'n olreit – dim ond *Blighty* w't ti wedi'i ga'l.' Mi wyddwn 'mod i'n deud y celwydd mwya ddeudis i 'rioed. Toc, mi agorodd 'i lygaid fel tasa fo isio deud rhywbath wrthan ni, ond y foment nesa roeddan nhw wedi cau'n ôl – am y tro dwetha.

Erbyn hyn ro'dd y lleill i gyd wedi mynd o'r golwg ac ro'dd hi'n hwyr glas i ninna frysio ar 'u hola nhw. Wedi cerddad hannar milltir ne' well mi welson 'u bod nhw wedi gorfod mynd i'r ddaear unwaith eto. Yn hwyr y noson honno mi euthon 'n dau allan yng ngola'r lleuad i dorri bedd. Fuon ni ddim yn hir wrthi hi ac mi gawson afa'l ar ddau ddarn o bren − go arw, ma arna i ofn − i nodi'r fan lle rhoeson ni Chopper i orffwys. O leia mi gafodd 'i gladdu'n weddol barchus. Yn oria mân y bora ro'dd Meic a finna'n ista yng ngwaelod y ffos heb fawr ddim i'w ddeud. Dim ond meddwl. Ond mi wneuthon un penderfyniad − y basan ni'n saethu pob blydi *German* ar yr olwg gynta o hynny mlaen.

Ar doriad dydd dyma ailafa'l yn'i hi. Doedd dim munud o heddwch i Jeri bellach. Ro'dd crynswth 'u byddin nhw wedi mynd allan o'n cyrradd ni gan adal *machine guns* bob rhyw ganllath i drio'n dal ni'n ôl. Duw a helpo'r criwia rheiny − roeddan nhw wedi'u condemnio bob enaid, ac mi wydda 'u hoffisars nhw o'r gora fod 'u tasg nhw'n anobeithiol. Ro'dd yn amlwg 'u bod nhw'tha'n gwbod hynny hefyd − roeddan nhw fel bwystfilod gwylltion wedi'u cornelu ac yn ymladd am 'u bywyda. Ar yr un pryd doeddan ninna ddim heb 'n colledion. Rydw i'n cofio gweld un bachgan yn f'ymyl i'n dyblu i fyny'n sydyn ac yn disgyn ymlaen ar 'i wynab hefo bwlat yn 'i stumog. Ro'dd hogia'r stretsiars yn digwydd bod wrth law, ac heb betruso o gwbwl mi redon ato fo gan herio'r Jeri o'dd yn tanio *machine gun* fel dyn lloerig yn union o'n blaena ni. Mi wydda'r Jeri hwnnw na toedd gynno fo ddim ond chydig funuda i fyw ac ro'dd o'n mynd i ymladd i'r pen. Wedi gneud 'u gora i'r bachgan ar lawr mi alwodd hogia'r Red Cross am ddau folyntïar i'w gario fo i ffwrdd er mwyn iddyn nhw ga'l mynd i drin rhywun arall. Ro'dd hynny wrth gwrs yn golygu sefyll i fyny a chario'r stretsiar ar 'u sgwydda. Ro'dd o hefyd yn golygu marwolaeth sicir. Mi redodd dau ymlaen ar unwaith i'w cynnig 'u hunain. Gwallgofrwydd ynta gwroldab? Tipyn o'r ddau faswn i'n ddeud. Hwyrach 'u bod nhw'n meddwl na fasa waeth iddyn nhw farw wrth neud hynny mwy nag wrth neud rhywbath arall. Ro'dd petha fel hyn yn digwydd bob dydd ar y ffrynt a neb yn clywad gair o sôn amdanyn nhw wedyn. Mi gychwynnodd y ddau drw'r gwellt uchal hefo'r stretsiar ar 'u sgwydda a phawb yn disgwl 'u gweld nhw'n ca'l 'u saethu i lawr o dani hi. Yna mi ddigwyddodd y peth rhyfedda welis i 'rioed – mi stopiodd y *machine gun*. Pam y stopiodd y Jeri hwnnw danio? Doedd y peth ddim yn gneud sens i ni o gwbwl. Wel, ma'n rhaid 'i fod o wedi gweld be o'dd yn digwydd a'i fod o'n edmygu cymint ar ddewrdar y ddau folyntïar nes iddo fo benderfynu rhoi pob chwara teg iddyn nhw i glirio i ffwrdd. Hyd heddiw, pan fydda i'n clywad pobol yn deud mai'r unig Jeri da ydi'r un marw, mi fydda i'n cofio am y Jeri bach hwnnw. Camgymeriad mawr o'dd meddwl fod pob Cristion ar 'n hochor ni i'r lein. Beth bynnag am hynny, ymlaen yr a'th y ddau hefo'u llwyth a thaniodd y Jeri ddim cymint ag un ergyd nes iddyn nhw fynd o'r golwg, yna mi ailddechreuodd mor ffyrnig ag erioed gan wbod fod 'i amsar o'n rhedag allan. Fel roeddan ni'n cau amdano fo mi stopiodd y gwn – ro'dd o wedi tanio'r cwbwl. Mi'i lluchiodd o i ffwrdd yn ddiseremoni ac mi ddechreuodd redag am 'i fywyd, ond cyn 'i fod o ddecllath i ffwrdd ro'dd 'na hannar cant o fwlats yn 'i gorff o. Bob tro y bydda i'n meddwl am y peth mi fydd gin i barch i'r hogyn hwnnw – hogyn pwy bynnag o'dd o. Fedra fo ddim bod ddiwrnod hŷn na dwy ar bymthag – hogyn main, pryd gola, ac fel pob Jeri ar y ffrynt hwnnw wedi hannar 'i lwgu.

Mi symudon ymlaen o gae i gae heb ddim ond amball sneipar ne' griw *machine gun* i ddelio â nhw. Yn hwyr y pnawn mi ddeuthon i blasty mawr a rhyw ugian o ddynion a phedwar *machine gun* yn 'i warchod o. Welsoch chi 'rioed cyn lleiad o draffarth gawson ni hefo nhw – mi roth y boi bach hwnnw well sioe o lawar ar 'i ben 'i hun. Rhuthro allan gyda'i gilydd ddaru'r rhain ac mi saethwyd nhw bob un. Doedd Meic a finna ddim wedi anghofio'r llw neuthon ni'r diwrnod cynt.

Y noson honno mi gawson 'n rhyddhau a'n gyrru'n ôl ryw chydig, a thrannoeth mi ddallton 'n bod ni'n mynd i ga'l tipyn o egwyl cyn symud ymlaen i ffrynt hollol ddiarth.

Ryw awr cyn amsar cychwyn mi a'th Meic a finna'n ôl i ga'l yr olwg ola ar fedd Chopper.

12

WEDI TRIDIA o orffwys mi ddoth yn amsar i ni symud ymlaen i'r ffrynt newydd. Taith trên o'dd hon i fod ond ro'dd y stesion filltiro'dd lawar i ffwrdd a dyna hi'n dramp, tramp, tramp unwaith eto.

Tua'r adag yma mi ddoth 'na ryw hen iseldar annifyr drosta i. Doedd petha ddim 'run fath ar ôl colli Chopper. Fedrwn i'n fy myw gysgu'r nos waeth pa mor flinedig oeddwn i. Pan sonis i am hyn wrth Meic, chymrodd o fawr o sylw, ond mi wyddwn na toedd ynta ddim o gwmpas 'i betha chwaith. Mi es i gasáu rhoi ordors i'r hogia, ac mi fasa'n dda gin i ga'l gwarad â'r streips, a ph'run bynnag doedd dim angan sneipars rŵan.

Wedi martsio nes roeddan ni'n barod i ddisgyn mi gyrhaeddon y pentra roeddan ni'n nelu amdano fo, ac mi gysgon mewn beudy y noson honno. Bora drannoeth mi gawson newydd da – bath a chrys glân i bawb. Mi leinion i fyny ac mi gafodd pawb yn 'i dro sefyll o dan ryw fframwaith o goed am chydig eiliada i ga'l cawod o ddŵr budur o gasgan o'dd yn hongian uwch 'i ben o. Mi newidis fy nghrys budur a lleuog am grys 'glân' budur a lleuog. Wedi'n hymg'leddu felly, roeddan ni'n barod, medda nhw, i fartsio'r chydig filltiro'dd o'dd rhyngddon ni a'r stesion. Erbyn hannar dydd ro'dd yr holl fataliwn wedi'i llwytho i drycia gwartheg. Doedd gynnon ni ddim syniad i ble roeddan ni'n mynd, ond pan stopiodd y trên 'mhen rhyw ddwyawr mi ffeindion fod 'no ddigon o ffosydd ar 'n cyfar ni. Ro'dd golwg hagar ar y wlad o gwmpas ac ôl brwydro ym mhobman. Doedd 'na ddim caea ŷd na chaea tatws yn y fan yma, ac er nad o'dd yr hydraf wedi cyrradd chydig iawn o ddail o'dd ar y coed. Ro'dd natur 'i hun fel tasa hi'n sâl.

Mi gymron 'n lle yn y ffosydd ac mi ddechreuodd y gynna mawr danio – arwydd fod 'mosodiad arall ar ddechra ac y byddan ni'n symud ymlaen y noson honno. Ro'dd yr holl ffrynt yn symud fel gwelsoch chi lanw'n dŵad i mewn – doedd 'na ddim pŵar yn y byd fedra'i atal o. Mi wydda Jeri 'i bod hi ar ben arno fo. Doedd gynno fo ddim lein sefydlog yn unlla, a doedd y dynion ddim yn ufuddhau i'w hoffisars fel roeddan nhw chydig fiso'dd yn ôl. Roeddan nhw wedi ca'l llond 'u bolia ar ryfel. 'N tro ni o'dd hi rŵan, ni o'dd y cryfa o ddigon, ac roeddan ni'n mynd yn gryfach, gryfach o hyd. Ro'dd milo'dd o Iancs ffres yn cyrradd y ffrynt bob dydd, ac nid hen grocs fel ni, wedi'n llwgu a'n hambygio o'dd y rhain ond hogia ifanc 'tebol a'r arfa diweddara'n 'u dwylo nhw.

Tua hannar nos, a hitha'n dywyll fel bol buwch, mi euthon dros y top. Ro'dd Jeri a'i gefn ar y wal ac yn ymladd fel teigar, ond doedd gynno fo fawr o drefn na chynllun. Ffwrdd â hi rywsut-rywsut o'dd hi bellach. Oherwydd hynny wyddan ninna ddim be i'w ddisgwl nesa ac roeddan ni'n colli cryn lawar o ddynion. Fel roeddan ni'n pwyso mlaen ar draws gwlad mi ogleuon *gas*, ac yn fuan iawn ro'dd yr awyr yn dew ohono fo a ninna'n gorfod gwisgo'n mygyda. Pan o'dd pawb a phopeth yn erbyn Jeri ro'dd y gwynt o'i blaid o. Mi stopiodd y *machine guns* a'r sielio'n reit ddiswta, ac ro'dd hynny'n golygu un o ddau beth – ro'dd o wedi rhedag allan o *ammo* neu'n hel 'i gêr i ddechra rhedag eto. Beth bynnag arall ro'dd Jeri'n brin ohono fo ar 'i unfad awr ar ddeg doedd o ddim yn brin o *gas* – ro'dd o mor dew mi fasach yn medru'i dorri o hefo cyllall. Ro'dd y mygyda'n help, ond doeddan nhw ddim yn berffaith o lawar. Mi wyddwn 'mod i'n llyncu ar y mwya ohono fo achos ro'dd o'n llosgi'r holl ffordd o'n ffroena i fy sgyfaint i. Ro'dd fy mhenaglinia i'n rhoi o' dana i, a 'mhen i'n dechra troi. Roeddwn i isio taflu i fyny, ond doedd 'na ddim byd i ddŵad i fyny. Trw' wydyr niwlog y mwgwd mi welwn ffos yn union o mlaen i a'r ddaear yn dŵad i fyny i 'nghyfarfod i. Mi syrthis ar fy wynab, ac ma'n debyg i mi rowlio dros yr ymyl i'r ffos.

Ro'dd hi'n ola dydd pan agoris fy llygaid wedyn, ac ro'dd Meic wrth f'ochor i. Roeddwn i wedi cysgu am ddwyawr ne' dair, medda fo, ac wedi bod yn gweiddi a rafio'n fy nghwsg. Mi waeddodd rhywun fod y lein yn symud ymlaen eto. Doedd Jeri ddim i ga'l 'i draed dano o gwbwl rŵan. Ro'dd y mymryn cwsg wedi dŵad â fi ata f'hun yn eitha ond ro'n i braidd yn simsan ar 'y nhraed o hyd. Drw'r dydd mi bwyson ymlaen a Jeri'n dal i fynd wysg 'i din gan falu a dinistrio popeth ar 'i ôl. Ro'dd 'n gynna mawr ni'n 'i waedu o i farwolaeth cyn i ni ddŵad i'r afa'l â fo. Chymron ni ddim cymint ag un prisynar y diwrnod hwnnw. Mi saethon bob copa walltog

ohonyn nhw. Pwy o'dd yn mynd i fwydo'r diawlad?
A phwy o'dd yn mynd i'r draffarth o'u martsio nhw'n ôl
i gamp prisynars? Erbyn nos roeddan ni wedi cyrradd yr
Hindenburg Line. Wel, mi ddeuthon at ffos hir a'n
bwriad ni i ddechra o'dd aros yn honno dros y nos, ond
erbyn gweld ro'dd hi'n hannar llawn o Jeris meirw – y
rhan fwya ohonyn nhw wedi'u lladd hefo baionet.
Roeddan nhw wedi'u lluchio i mewn ar draws 'i gilydd
nes ro'dd y ffos fel un bedd mawr agorad – chafodd Jeri
ddim amsar i roi haen o bridd drostyn nhw. Mi euthon
ni mlaen i'r ffos nesa ac yno y buon ni drw'r nos yn trio
gorffwys tipyn er mwyn bod yn barod i gario mlaen
drannoeth.

Fel arfar rŵan, mi ddechreuodd y gynna mawr gyfarth
gyda'i bod hi wedi dyddio. Ond doedd Jeri ddim
wedi bod yn segur yn ystod y nos – ro'dd gynno fynta
rywbath i'w ddeud. Mi wydda'n bod ni ar fin 'mosod ac
mi ddechreuodd sielio o ddifri fel tasa fo wedi ca'l ail
wynt o rywla. Ro'dd gynna mawr y ddwy ochor yn tanio
nes ro'dd y ddaear yn crynu danon ni a'r sŵn yn ddigon
â drysu dyn. Doedd dim iws i ni feddwl gadal y ffos
gan fod y siels yn disgyn yn union o'n blaena ni. Ro'dd
amball un yn mynd drosodd hefyd ac yn ffrwydro reit y
tu ôl i ni – hap a digwydd o'dd hi bellach – chydig
droedfeddi'r naill ffordd ne'r llall a dyna ddiwadd ar
y cwbwl.

'I lawr! I lawr!' gwaeddodd rhywun. Ond fasa hynny
wedi gneud dim gwahaniaeth, achos mi landiodd y siel
yng nghanol y ffos . . . Cawod o bridd . . . Chwa ar ôl
chwa o *gas* drewllyd . . . Mi a'th yr hogia o'r ffosydd

er'ill dros y top ac ymlaen i orffan y job, ond wydda neb yn 'n ffos ni ddim am hynny.

Mi a'th oria heibio – diwrnodia hwyrach. Dwn i ddim hyd heddiw pa mor hir y buo fi'n gorwadd yn y ffos honno ymysg y meirw. Rydw i'n cofio agor fy llygaid unwaith ne' ddwy ond wyddwn i ar y ddaear ble'r oeddwn i. Mi welwn Meic wrth f'ochor i, ond doedd o ddim yn symud . . . Doedd 'run o'r lleill yn symud chwaith . . .

'O, cysgu ma nhw,' medda fi wrtha f'hun. 'Mi gysga inna.'

Mi deimlwn fy hun yn syrthio trw' wagle . . . Ro'dd y *mouthpiece* yn fy mygu i, ac mi ddoth Mam ar ras i'w dynnu o 'ngheg i. Ro'dd Meic yno o hyd . . . a'i law o'n gynnas . . . a Chopper yn gorwadd wrth 'i ochor o, ond doedd 'run o'r ddau'n siarad . . . Mi glywn leisia 'mhell i ffwrdd.

'Ma'r ffos yma'n llawn o'n hogia ni.'

'Rhy hwyr,' medda llais arall, 'ma nhw i gyd wedi marw.'

'Na! Ma 'nacw hefo'r *gas mask* yn symud – a'r llall hefyd.'

'Reit! I fyny â nhw.'

Mi es inna i gysgu'n ôl.

Mi ddois ata f'hun mewn tent fawr, a phan edrychis i o 'nghwmpas mi welwn resi o ddynion wedi'u clwyfo o bobtu i mi. Doeddwn i ddim yn gweld yn glir – ro'dd 'na blisgan dros fy llygaid i. Welis i mo'nyn nhw'n cario'r cyrff allan, er bod un ohonyn nhw'r agosa ata i.

Noson arall o gysgu. Ben bora drannoeth mi gariwyd nifer arall o feirw allan i'w claddu i neud lle i chwanag o'r ffrynt. Ro'dd 'na laddfa fawr wedi bod y noson honno, medda nhw. Doedd fy meddwl i ddim yn glir eto . . . Ble'r o'dd Meic? Dyna ryfadd, a finna wedi'i weld o – a mwgwd am 'i wynab o.

'Ble ma Meic?' medda fi wrth y dyn o'dd yn dal mygiad o ddŵr wrth 'y ngwefusa i.

'Pwy 'di Meic?' medda fo. 'Os mai'r bachgan o'dd yn gorwadd 'gosa atat ti w't ti'n feddwl, mi fuo farw bora ddoe.'

Mi fuo bron i hynny fy lladd i.

'Mhen rhyw ddeuddydd mi ges fy symud i hospitol yr Iancs yn ymyl Le Havre, ac yno y buo fi am wsnosa'n hofran rhwng byw a marw. Yno y clywis i fod y rhyfal ar ben a Jeri'n llyfu'r llwch.

O'r diwadd mi ddois yn ddigon cry i godi o gwmpas, ac un diwrnod mi ges fy ngalw i'r *orderly room* i ga'l fy mhapura'n barod erbyn y bydda 'na long i Southampton. Ro'dd 'na rai dega ohonon ni wedi'n hel at 'n gilydd – rhai hefo bagla ac er'ill a'u penna mewn cadacha, rhai wedi'u gasio a phawb wedi'u llwgu. Mi safon yn llinall hir yn nhrefn yr ABC. Pan o'dd yr Rs yn nesu at y drws ro'dd yr Ls yn dŵad allan, ac yn 'u mysg nhw un yn hercian â'i law ar 'i ben-glin.

'Meic! Meic!' medda fi ar dop fy llais nes tynnu sylw pawb.

Pan gl'wodd o'n llais i mi stopiodd fel tasa fo wedi'i saethu.

'Dan!' medda fo, dan fustachu i 'nghwfwr i.

'Roeddan nhw'n deud wrtha i'n yr hospitol dy fod ti wedi marw,' medda fi.

'Wel, bachan, bachan, ro'n inna'n meddwl dy fod titha wedi mynd i ganlyn y lleill pan landiodd y siel yn y ffos honno. Ma'n rhaid 'u bod nhw wedi mynd â ni i ddwy wahanol hospitol.'

Mi gawson dridia hefo'n gilydd yn Le Havre cyn croesi'n ôl. Pan gyrhaeddis i adra mi edrychodd Mam yn hir arna i. Ddeudodd hi ddim byd, ond mi wyddwn be o'dd yn mynd drw'i meddwl hi. Doedd dim isio llygad craff i weld y gwahaniaeth rhwng A1 a C3.